Schlösser der Loire

Im Zauber des Lichts

Schlösser der Loire

Im Zauber des Lichts

Text von Wilfried Hansmann

Fotografien von Florian Monheim

DUMONT

Inhalt

Zauber der Flußlandschaft

Die Loire, mit 1012 Kilometern Frankreichs längster Strom, entspringt am Gerbier de Jonc, einer Vulkankuppe im südöstlichen Zentralmassiv. Nachdem sich der Fluß mit dem Allier vereinigt hat, nimmt er nach Nordwesten seinen Lauf in das Pariser Becken. Er verläßt es bald aber wieder in einer Südwestbiege bei Orléans und erreicht den Atlantischen Ozean westlich von Nantes.

Für die Schiffahrt ist die Loire wegen ihrer Sandbänke ungeeignet. Bis ins 19. Jahrhundert wurde sie von kleineren Booten befahren. Seit dem Bau der Eisenbahn hat sie ihre Bedeutung als Wasserstraße vollends eingebüßt. So bietet die Loire – überraschend für den, der nur streng regulierte und wirtschaftlich genutzte Flüsse kennt – das Bild eines sich völlig selbst überlassenen Stromes von ursprünglicher Schönheit und Gemächlichkeit. Gras, Schilf und niederes Buschwerk fassen ihn ein, wildbewachsene Inseln oder Sandzungen durchsetzen ihn. Mitunter meint man, ein verlandendes Binnengewässer vor sich zu haben. Auguste Rodin, der große Bildhauer, rühmt die Loire als

»Pulsader unseres Frankreich! Strom des Lichtes, süßen glücklichen Lebens! ... Wo findet man, außer in diesen Gegenden, solche beruhigende, stärkende Gleichmäßigkeit von Luft und Licht?

Dieses feine Grau, das süße Grau der Loire unterhalb der Wolken, die grauen Dächer der Stadt, die graue Brücke aus altem Stein ...

Glorreicher Tag. Loire aus Stahl, schimmernd in ihrer ganzen Breite. O vor allem die Jugend dieses Himmels! ... Die Loire verschwindet wie eine Schärpe, ein Silberband im Unterholz der Weiden und Pappeln, Grün im Vordergrund. Diese Festungen von Pappeln auf der Wiese! – Gelbes Moos tupft harmonisch hellgrauen Stein und Baum ...

Schöne Ebene von so einfacher, so großer Ordnung! Das Grün nimmt stellenweise einen feierlichen Charakter an. – Ich finde diese Mischung und Harmonie in der Bevölkerung wieder, besonders bei den Frauen: in ihren Zügen und im Klang ihrer Sprache ...

Die Vereinheitlichung der Landschaft durch den Nebel, in dem Wiesen und Bäume zerfließen, ist von gewaltiger Wirkung. Diese Basreliefs der Natur gefallen nicht Menschen, die kostbare Stoffe – Gold, Silber, Edelsteine – lieben, sie wenden sich an die Seele, den höheren Sinn, der die Geometrie der Formen wahrnimmt. Die Geometrie ist göttlich. Sie spricht zu unserem Herzen, denn sie ist das wesentliche Prinzip der Dinge.

Vorhergehende Doppelseite: die Loire bei Amboise, vorne rechts im Bild Schloß Amboise

Loire-Landschaften im Zauber des Lichts

Das schönste aber ist der Loirefluß,
der selten nur sich krümmt, von seinem Wege weicht,
sich überall in seinem Wohlmaß gleicht.
Das ist kein Bach, der sich durch Wiesen schlängeln muß.
Die Loire ist ja Amphitrites Kind!
Sie ist es, deren Namen, Ruhm und Strande
jener Provinzen würdig sind,
die alle Fürsten, die in unserm Lande
geherrscht, von je zu ihren Schätzen zählten,
zu ihren größten, auserwählten.
Denn ihr Kristall
strahlt überall.
Dieser Kanal aus Licht
steht Frankreichs Garten herrlich zu Gesicht.

Jean de La Fontaine (1621–1695)
Aus: ›Reise nach dem Limousin‹ (zit. nach der Übertragung bei Champigneulle, S. 18)

So wie man seine Geliebte lange betrachtet, ehe man sie verläßt, wie man sich wiederholt umdreht, um sie immer wieder noch einmal zu sehen, so verlasse ich diese schönen Landschaften, wie man sich von einem liebenden geliebten Herzen losreißt. Ich lasse sie in ihrem vollen Glanz zurück!«[1]

Die Loire der Schlösser erstreckt sich auf etwa 300 Kilometern zwischen Gien im Osten und Angers im Westen. Orléanais, Blésois, Touraine, Anjou: so heißen die Provinzen, die die Loire in diesem Abschnitt durchfließt.

In der Gegend von Orléans, dem geschichtsträchtigen Mittelpunkt des Orléanais, nennt man das breite Loiretal schlechthin »le Val« – das Tal. Nach Norden erstreckt sich die fruchtbare Beauce, nach Süden breitet sich das Waldgebiet der Sologne aus, einst ein beliebtes Jagdgebiet der Könige Frankreichs.

Eine Landschaft des Übergangs zum anmutigen Park der Touraine ist das Blésois im Umkreis der Königsstadt Blois. Felder, die bis zum Horizont reichen, verschmelzen im Norden mit der Beauce. Durch die Wälder im Süden führen die Wege zu berühmten Schlössern: Chambord, Cheverny, Fougères-sur-Bièvre, Chaumont.

Zwischen Chaumont und Amboise verläuft die Grenze zur Touraine. Sie ist eine Landschaft des leichten genußvollen Lebens. Das Licht ist weich, das Klima lieblich, die Natur spendet ihre Gaben in Fülle.

Der Übergang ins Anjou bei Candes ist im Charakter der Landschaft nicht zu spüren. Weingärten und landwirtschaftlich genutzte Flächen bestimmen auch hier das Bild. Segensreich macht sich das gemäßigte Klima des Atlantiks bemerkbar. Das Loiretal verbreitert sich noch mehr, der Fluß dehnt sich stattlich aus und wird in seiner Wasserführung beständiger. Zahlreiche Nebenflüsse öffnen das Anjou zu den umliegenden Regionen.

1 Auguste Rodin, Die Kathedralen Frankreichs, Berlin o. J., S. 27 ff.

Weingut in den Kreidefelsen bei Montsoreau

Das Tal der Könige Frankreichs

Das Tal der Loire ist die Landschaft der Könige Frankreichs vom Mittelalter bis zum Ausgang der Renaissance. Das milde Klima, die Schönheit der Natur und die Fruchtbarkeit des Bodens trugen dazu bei, daß die Herrscher, aber auch Beamte des Hofes in der Nähe des Flusses und in den Seitentälern ihre Schlösser erbauen ließen. Wenngleich man Reste mittelalterlicher Festungen findet, bezeugen die Schlösser der Loire vor allem das Werden und Entfalten der Künste im Zeitalter der Renaissance. Hier verbindet sich französischer Geist mit der Lebensfreude, der Kultur und dem hohen Bildungsstand der italienischen Renaissance.

Alle vier Provinzen hatten ihre große Epoche in der Geschichte. Am frühesten das Orléanais. Seine Metropole Orléans war die eigentliche Hauptstadt des westlichen Frankenreiches. Gerne hielten sich hier die Karolingerkönige auf, und noch für die nächsten Jahrhunderte war das Orléanais der wichtigste Stützpunkt der französischen Könige.

Die Blütezeit des Anjou begann im 12. Jahrhundert, als Heinrich Graf von Anjou aus dem Hause Plantagenet 1154 König von England wurde. Von seiner Mutter besaß er die Normandie mit der Lehnshoheit über die Bretagne, von seinem Vater Anjou, Maine, Touraine, schließlich durch seine Ehe mit Eleonore, der geschiedenen Gemahlin Ludwigs VII. von Frankreich, Poitou und Guyenne mit Gascogne als französische Kronlehen. Dazu kam England. Es entstand das angevinische Reich, das von England bis zu den Pyrenäen reichte und mehr als die Hälfte des französischen Territoriums umfaßte. Kaum ein Jahrhundert hatte es Bestand. Doch reichte die Zeit, um in ganz Westfrankreich einen neuen Baustil von höchster Kühnheit und Eleganz entstehen zu lassen, den sogenannten angevinischen oder auch Plantagenet-Stil; bis heute sind wichtige Zeugnisse dieses Stils im Sakralbau erhalten.

Im 14. Jahrhundert lösten englische Erbansprüche auf den französischen Thron den Hundertjährigen Krieg aus, in dessen Verlauf zuerst der Südwesten, später der Norden des Landes ganz unter englischen Machteinfluß gerieten. Die Loire blieb französisch. Hier konzentrierte sich der letzte Widerstand gegen die Engländer. Die Wende leitete ein lothringisches Bauernmädchen ein: Jeanne d'Arc.

Seit Ende des 15. Jahrhunderts erlebten die Touraine und das Blésois ihre große Zeit als Lieblingsprovinzen der Könige aus dem Hause Valois. Hier entstanden die berühmtesten und schönsten Schlösser, hier breitete sich zuerst die französische Re-

Vorhergehende Doppelseite: Herbststimmung an der Loire

Unbekannter Künstler, Ball in einer Galerie am Hofe Heinrichs III. anläßlich der Hochzeit des Herzogs von Joyeuse mit Margarete von Lothringen, 3. Viertel 16. Jh. Paris, Musée du Louvre. Unter dem Baldachin sitzen Katharina von Medici und ihr Sohn Heinrich (vgl. Abb. S. 82/83).

naissance mit ihrem glanzvollen Kulturleben aus. Noch in den Wirren der Religionskriege in der zweiten Hälfte des 16. Jahrhunderts fühlten sich die Könige an der Loire sicherer als in Paris. Erst unter Heinrich IV. aus dem Hause Bourbon verlor das Loiretal seine Bedeutung als die Königslandschaft zugunsten der Ile de France.

Entwicklung der Schlösser: ein Überblick

Mehr als dreihundert Burgen und Schlösser säumen die Ufer der Loire oder beherrschen ihr weiteres Umland; etwa ein Drittel hat heute für Besucher die Tore geöffnet. Nirgendwo sonst ist die Vielfalt der französischen Adelskultur, ihr Anspruch und ihre Wandlung in der Geschichte anschaulicher als hier.

Aus dem 10. Jahrhundert, als Grafen im Land an der Loire untereinander um ihre Besitzungen stritten, haben sich Reste der Donjons erhalten, massiver viereckiger Türme, die sich aus der normannischen Festungsarchitektur herleiten. In diesen wehrhaften Donjons, die ganz für den Verteidigungsfall eingerichtet waren, spielte sich das höfische Leben ab, das keineswegs komfortabel gewesen sein kann. Reste des ältesten erhaltenen Donjons an der Loire (um 990) findet man in Langeais. Weniger zerstört sind die von Beaugency, Montrichard und vor allem der von Loches, an dem sich heute die Lebensbedingungen in einem solchen Festungswerk am besten nachvollziehen lassen.

Seit dem 12. Jahrhundert erhielten Burgen mächtige Mauerringe, die durch runde oder eckige Türme verstärkt wurden. Chinon, Loches, Montreuil-Bellay und Angers sind hierfür eindrucksvolle Beispiele.

Das ›klassische‹ Loire-Schloß des hohen und späten Mittelalters ist ein mit zahlreichen runden Türmen bewehrter Gebäudekomplex, der oft einen Innenhof umschließt und außen zumeist von einem Grabensystem umgeben ist. Der Verteidigungsgedanke prägte die Bauformen. Wehrgänge mit Pechnasen ziehen sich außen unter den Dachtraufen entlang oder umschließen die Rundtürme, von denen einer manchmal die Funktion eines Donjons, eines letzten verteidigungsfähigen Zufluchtsorts, haben kann. Beispiele finden sich in den Schlössern Sully-sur-Loire, Chaumont, Langeais, Ussé, Fougères-sur-Bièvre, Le Plessis-Bourré.

In gotischer Zeit warteten einige Schlösser mit einer bis dahin ungekannten überreichen Dachzier aus Lukarnen und Schornsteinen auf – so das Schloß von Saumur. Die Auffassung, daß ein Schloß nicht nur der Verteidigung zu dienen habe, sondern auch Verkörperung luxuriöser herrschaftlicher Lebensart sei, fand in der Renaissance ihren Höhepunkt. Nun spielte der Verteidigungsaspekt so gut wie keine Rolle mehr.

Karl VIII. (1483–1498), Ludwig XII. (1498–1515) und Franz I. (1515–1547) unternahmen Feldzüge nach Italien, um überkommene Ansprüche auf das Königreich Neapel und auf Mailand geltend zu machen. Der politische Erfolg war nicht von Dauer, der kulturelle Gewinn um so stärker. In Italien erlebten die Könige den Luxus des Hoflebens, die Eleganz der Umgangs- und Repräsentationsformen, die Schönheit der Renaissancebauwerke und der Gärten. Der Wunsch, dies alles auch zu Hause genießen zu können, bewog sie, italienische Handwerker und Künstler nach Frankreich zu holen. Seit etwa 1500 entstanden dort Schlösser, die alles bis dahin Gebaute an Reichtum und Glanz übertrafen. Zunächst wurden italienische Formen nur zögernd aufgenommen. Zu diesem Vorspiel der französischen Renaissancearchitektur gehören Schloß Amboise, der Flügel Ludwigs XII. am Schloß von Blois und Schloß Chaumont. Es sind Bauwerke in herkömmlichem gotischem Stil. Nur in einzelnen Ornamentmotiven aus Italien oder in gewissen Tendenzen zur Regelmäßigkeit zeigt sich der neue Formensinn.

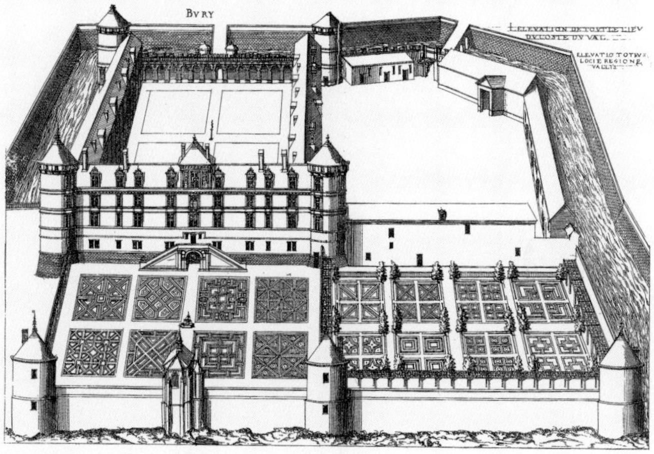

Bury, Ansicht des Schlosses nach Du Cerceau, 1607

Erst unter Franz I. erblühte an der Loire eine Renaissancearchitektur von wahrhaft königlichem Anspruch. Beispielgebend der Flügel Franz' I. am Schloß von Blois und Schloß Chambord. Hier wurden die verbindlichen Formen der Renaissancebauweise an der Loire geboren: Regelmäßigkeit im Aufriß, klare Gliederung der Fassaden durch Pilaster und Gesimse. Daneben entfaltete sich »als Ausdruck einer Gesellschaft, die sich festlich darstellen und stilvoll genießen wollte, ... am Außenbau und vor allem in den Innenräumen eine glänzende Zierkunst – manchmal üppig und schwer, öfter leicht und schwebend, eine Ornamentik, die, nach den mannigfachen Zierweisen der romanischen Epoche und nach den Pflanzenkapitellen der gotischen Kathedralen, zum dritten Male das dekorative Genie Frankreichs offenbarte«.[2] Insgesamt betrachtet wirkt hierbei stärker als Italien die heimische Tradition nach. Selten nur wurden italienische Vorbilder sklavisch kopiert; »noch immer liebte man das steinerne Fensterkreuz und die Wendeltreppe des Mittelalters, das steile Dach und die vielen Lukarnen, die ganz bizarre Wildnis der Dachzone mit dem Gedränge der reich ornamentierten Türmchen, Giebel und Schornsteine«.[3]

In der Nachfolge der königlichen Bauten stehen Schlösser wie Azay-le-Rideau, Ussé oder Villandry. Ein Sonderfall, der offensichtlich unmittelbar venezianische Vorbilder widerspiegelt, ist Schloß Chenonceau.

Die Inneneinrichtung der Renaissanceschlösser folgt in der Regel ebenfalls der herkömmlichen Gestaltungsweise. Ein Saal z. B. hat einen holzvertäfelten Sockel, Wandteppiche mit großfigurigen Szenen darüber, eine geschnitzte und bemalte Balkendecke. Hauptstück der wandfesten Ausstattung ist ein prunkvoll verzierter Kamin, der bis unter die Decke reicht. Auch die Möbel bewahren die gotische Grundform. Nur die Ornamentik verwandelt sich ins Italienische. Es ist die gleiche, die auch am Außenbau und in den Räumen erscheint: Medaillons mit Köpfen, Pilaster, Säulen, Arabesken, Grotesken, Putti, Delphine.

2
Heinrich Lützeler, Nördliches Frankreich (Athenäum-Kunstreiseführer), Bonn 1957, S. 107.

3
Ebenda, S. 109.

Zieraufbauten der Dachlandschaft von Schloß Chambord

Originär neue Errungenschaften der französischen Renaissance, die den Wunsch nach Annehmlichkeit und luxuriöser Entfaltung des Lebens besonders anschaulich werden lassen, sind die Galerie als Schauplatz der höfischen Feste und der Garten, ein Prunkteppich aus farbig ornamentierten Einzelfeldern mit all den Köstlichkeiten, die zur Vorstellung eines irdischen Paradieses gehören.

Bauherren waren außer den Königen einflußreiche Beamte des Hofes. Auffallend, daß die schönsten Schlösser wie Azay-le-Rideau, Chenonceau und das heute fast völlig verschwundene Bury von Hofleuten errichtet wurden, die die königlichen Finanzen verwalteten.

Rechte Seite: Inneres des Treppenturms von Schloß Blois

Die große Zeit der Loire-Schlösser endete mit der Regierungszeit Franz' I. Nur noch wenige architektonische Glanzpunkte brachten das 17. und 18. Jahrhundert hervor: Cheverny, Brissac oder Montgeoffroy, das heute großartigste Zeugnis der Adelskultur am Vorabend ihres Untergangs in der Französischen Revolution.

Franz I. – Katharina von Medici – Diana von Poitiers

Linke Seite: Hauptportal von Schloß Blois mit der Reiterstatue Ludwigs XII.

Drei Gestalten sind mehr als andere in der Welt der Renaissanceschlösser an der Loire lebendig.

Franz I. verkörpert die französische Renaissance schlechthin. »Von der immer jugendlich gebliebenen Erscheinung des Königs mit den großen lebhaften Augen und dem liebeskundigen Munde ging ein mitreißender Glanz aus. So sehr er den Krieg und das soldatische Leben schätzte, mit größerer Leidenschaft war er der Liebe und der Kunst zugetan. Für Bauten gab er ungeheure Summen aus. Als Wappentier wählte er den für unverbrennbar gehaltenen Salamander, passend zu diesem sich sinnentrunken verschwendenden Menschen. Siebenundzwanzig der schönsten und elegantesten Frauen des Hofes, die petite bande, begleiteten ihn überallhin, als Augen- und Herzensweide, als Erquickung für Körper und Geist.«[4] Zwar sagte man diesem Herrscher nach, er habe ein Schweinsgesicht, doch auf Frauen wirkte er unwiderstehlich. Als er nach der Schlacht von Pavia Gefangener Kaiser Karls V. war, riefen die Spanierinnen: »Jesus! Wie schön ist er! Glücklich die Prinzessin, die sich die Freundin eines so noblen und schönen Prinzen nennen kann!«

Franz I. schuf den französischen Hof, der Vorbild für alle anderen Höfe Europas wurde und der noch heute unsere Vorstellung von Höflichkeit bestimmt. Der König »soll den Ausspruch getan haben, daß ein Hof ohne Frauen einem Jahr ohne Frühling, einem Frühling ohne Rosen gleiche. Darum rief er die Edeldamen herbei, die früher ihr Leben in den alten, grauen Donjons ihrer Burgen vertrauert hatten. Er schuf den Hof mit allem klugen Despotismus, mit allem Reize, so daß alles Leben und alle Welt des Landes nur um den König her zu finden war ... So entstand mit den Weibern die Intrige und die Galanterie und der ... Luxus.«[5] Der König stilisierte die Frau zur Dame, den Mann zum Kavalier. Den derben Freuden der Jagd fügte Franz I. die feineren der Feste und Bälle hinzu. Geist und Gelehrsamkeit gelangten zu Herrschaft.

Die Bedeutung des Hofes als Magnetfeld der Macht um den König wurde eindrucksvoll anschaulich, wenn der Monarch seine Residenz wechselte. Augenzeuge

4 Heinrich Lützeler, Nördliches Frankreich (Athenäum-Kunstreiseführer), Bonn 1957, S. 110.

5 Werner Sombart, Liebe, Luxus und Kapitalismus, München 1967, S. 12.

Jean Clouet, Franz I., 1525. Paris, Musée du Louvre (links)

Unbekannter Künstler des 16. Jh.s., Katharina von Medici (Ausschnitt). Florenz, Museo Mediceo (rechts)

Rechte Seite: Unbekannter Künstler (Schule von Fontainebleau), Diana von Poitiers als Jagdgöttin Diana, Mitte 16. Jh. Paris, Musée du Louvre

eines solchen Ereignisses war der Bildhauer Benvenuto Cellini: »Nun mußten wir aber gleich dem Hofe folgen, und das war eine rechte Qual. Denn es schleppt sich hinter dem König beständig ein Zug von zwölftausend Pferden her, und das ist das Geringste: denn wenn in Friedenszeiten der Hof ganz beisammen ist, so sind es achtzehntausend Mann, und darunter mehr als zwölftausend Berittene.«[6]

Katharina von Medici (1519–1589) war die ränkereiche häßliche Gemahlin, Diana von Poitiers (1499–1566) die liebreizende verführerische Mätresse Heinrichs II. Kein Thema hat im Zusammenhang mit den Loire-Schlössern von jeher stärker die Phantasie erregt als die Feindschaft dieser Frauen. Sie konnte sich nicht entladen, solange der König zwischen beiden stand. Aus politischen Gründen verheiratete Franz I. seinen Sohn Heinrich mit der Medici-Tochter, die der Krone eine Menge Geld zuspielte. Ihre Häßlichkeit störte wenig, denn Heinrich vergnügte sich ohnehin mit der schönen Diana. Sie war fünfunddreißig, als der siebzehnjährige Kronprinz für sie entbrannte. Mehr als zwanzig Jahre dauerte dieses Liebesglück, besaß Diana doch die Gabe, anscheinend nicht zu altern. So blieb sie die ungekrönte Königin, der Heinrich nie eine Bitte versagte, während Katharina, die legitime Gattin, wie eine Giftspinne auf der Lauer lag und auf Vergeltung sann. Diana mischte sich auch in die große Politik ein, verlieh Staatsämter und entließ Staatsdiener nach Belieben. Für den König, der wegen ihrer Verschwendungssucht immer finanzschwächer wurde, entdeckte sie eine neue Steuerquelle: Für jede Glocke, die geläutet wurde, war Glockensteuer zu entrichten. Der Dichter François Rabelais kommentierte dazu humorvoll-bissig, der König habe alle Glöcklein des Landes am Halse seiner Stute aufgehängt. Erst als Heinrich II. nach einem Turnier an den Folgen eines Lanzenstichs gestorben war, konnte Katharina genüßlich an der Nebenbuhlerin Rache üben. Hiervon legen die Schlösser Chaumont und Chenonceau Zeugnis ab.

6 Leben des Benvenuto Cellini florentinischen Goldschmieds und Bildhauers, übersetzt und mit einem Anhange versehen von Goethe, Frankfurt 1965, S. 302.

Sully-sur-Loire

Sully-sur-Loire ist auf einer Fahrt flußabwärts das erste ›klassische‹ Loire-Schloß. Mit mächtigen Rundtürmen bewehrt, spiegelt sich das aus weißem Gestein errichtete Gebäude allseitig im Wasser.

Ein Vorgängerbau und eine mehr als vierhundert Meter lange Steinbrücke über die Loire stürzten 1363 bei Sturm und starkem Hochwasser ein. Die Steine der Brücke verwendete man beim Neubau.

Bedeutendster Schloßherr war Maximilien de Béthune, Seigneur und Marquis de Rosny, Kämmerer, Geheimer- und Staatsrat, Bevollmächtigter Frankreichs, Großmeister der Artillerie, Oberintendant des Festungswesens und der Finanzen (um nur einige seiner Ämter aufzuzählen). Er kaufte das Schloß samt den zugehörigen Ländereien 1602. Heinrich IV. erhob die Herrschaft 1606 zum Herzogtum und belohnte damit die Verdienste Sullys (so heißt Maximilien de Béthune in der französischen Geschichte), die er sich um den König erworben hatte. Nach dessen Ermordung 1610 politisch kaltgestellt, lebte Sully auf seinen Landgütern wie ein Grandseigneur, hielt sich eine Kompagnie von hundert Leibwächtern und umgab sich mit einem kleinen Hofstaat, den er einer strengen Etikette unterwarf. Es wird berichtet, an Sullys Hof habe es fünfzehn oder zwanzig alte Pfauen gegeben und sieben oder acht alte Gefolgsleute von Stand. Diese hätten sich auf ein Glockenzeichen hin aufgereiht, um Sully Ehre zu bezeugen, wenn er spazierengehen wollte. Dann seien sie ihm gefolgt. Schmunzelnd fügte der Schreiber hinzu: »Ich glaube, auch die Pfauen folgten ihm.«

Sully gefiel es, seine Pedanterie auf die Spitze zu treiben. So konnten ohne notariell beglaubigten Kontrakt keine Bäume gepflanzt, keine Möbelstücke angefertigt, keine Schloßgräben gereinigt werden. In grenzenlosem Eifer schrieb er mit vier Sekretären an seinen mehrbändigen »Mémoires des sages et royales oeconomies d'Estat domestiques, politiques et militaires de Henry le Grand«. Die berühmteste Passage behandelt den Plan zur Organisation Europas und zur Erhaltung eines ewigen Friedens.

Ältester Teil des Schlosses ist der zur Loire hin gelegene hohe Donjon aus der Zeit um 1360 auf rechteckigem Grundriß, an den Ecken von dicken Rundtürmen eingefaßt. Im Erdgeschoß liegen der Gardensaal (Aufenthaltsraum der Wachen), die Küche und die Kapelle. Der Saal des Dachgeschosses mit Wehrgang erscheint wie ein Sakralraum durch seinen gewaltigen Dachstuhl aus Kastanienholz in der Form eines umgedrehten Schiffskörpers, 35 Meter lang, 10,30 Meter hoch. Dieser Dachstuhl gilt als der handwerklich kunstvollste und schönste überhaupt, der in Frankreich aus dem Mittelalter erhalten ist. Die vierkantigen Balken sind nicht gesägt, sondern mit dem Beil aus dem Stamm herausgehauen, sorgfältig vom Splint befreit, schließlich so verlegt, daß sie allseitig luftumströmt sind. Dies erklärt, warum die Hölzer über sechshundert Jahre kerngesund blieben. Erhalten ist die Rechnung von 1363 für dieses Meisterwerk der Zimmermannskunst und für die Dachstühle der Türme. Danach gestand der Zahlmeister des Schloßherrn dem Meister Tevenon Foucher fünf Fässer Wein zum Preis von acht *écus* und vierundzwanzig *écus* Bargeld zu, jedoch nicht das sonst wohl übliche Mud (ca. 19 Kubikmeter) Getreide.

Der an den Donjon angrenzende Schloßhof war vierseitig von Gebäudetrakten umschlossen, die heute nur noch teilweise vorhanden sind. Den Ostflügel bilden zwei unterschiedlich hohe Wohngebäude des 16. Jahrhunderts, durch einen Torturm verbunden. Das niedrige Gebäude wurde 1918 nach einem Brand wiederhergestellt. Das hohe Gebäude heißt das ›Kleine Schloß‹. Sully ließ es umbauen. Im Erdgeschoß zeigt man sein Arbeitszimmer, wo er die Memoiren schrieb, im Obergeschoß sein Schlafzimmer. Beide Räume haben Kamine, erneuerte Wandbespannungen und bemalte, stark restaurierte Holzdecken.

Ursprünglich floß die Loire unmittelbar am Schloß vorbei. Zum Schutz gegen Hochwasser errichtete Sully den Damm, über den man heute das Bauwerk betritt. Um die Gräben zu speisen, wurde ein kleiner Fluß, die Sange, herangeführt.

Auch der äußere, gleichfalls wasserumwehrte Schloßhof war einst mit Türmen, Mauern und Gebäudetrakten umgeben; bis auf Reste sind sie abgerissen. Eine Marmorstatue des eigenwilligen und berühmtesten Schloßherrn von Sully-sur-Loire, ursprünglich für eine andere seiner Besitzungen, Schloß Villebon, geschaffen, setzt im äußeren Schloßhof einen beziehungsvollen Akzent.

Nächste Doppelseite: Blick auf die Eingangsseite von Schloß Sully-sur-Loire

Übernächste Doppelseite: Dachstuhl des Donjons von Sully-sur-Loire

Talcy

Ob man im Schloßhof steht, sich im Wirtschaftshof oder in den Räumen umschaut: immer drängt sich die Vorstellung auf, die Bewohner hätten dieses Schloß gerade erst verlassen, so vollständig scheint alles erhalten. Kein Restaurator hat die Abnutzungsspuren, die sie hinterließen, beseitigt. Kein Möbelstück wirkt museal arrangiert wie in den meisten anderen Loire-Schlössern, die unbewohnt sind. Wer ein Bild vom gutsherrlichen Leben früherer Jahrhunderte sucht, findet es nirgendwo anschaulicher als hier.

Das Schloß – weit abseits von der Loire in der fruchtbaren Beauce gelegen – verdankt seine Gestalt einem Kauf- und Finanzmann aus Florenz, der sich in Frankreich niedergelassen hatte und im Dienste Franz' I. stand: Bernard Salviati, ein Verwandter der Medici. 1517 kaufte er Gebäude und Ländereien.

Salviatis älteste Tochter Cassandra ging durch ihre Romanze mit dem Dichter Pierre de Ronsard in die französische Literaturgeschichte ein. In zahlreichen Liebesgedichten besang er ihre Schönheit.

Im Laufe der Jahrhunderte wechselten die Besitzer des Schlosses häufig. Doch alle gaben sich Mühe, den Charakter des Bauwerks der Salviatis zu erhalten. Die letzte Besitzerin, Mademoiselle Valentine Stapfer, hütete bis ins hohe Alter den Schatz an Möbeln, Tapeten und Hausrat wie ein nationales Gut. Nach ihrem Tod 1932 verkauften die Erben den Besitz an den Staat, wobei sie vertraglich festlegten, daß die denkmalgeschützten Möbel niemals aus dem Schloß herausgenommen werden dürfen.

Erstaunlich ist, daß der Italiener Salviati ein ganz und gar französisches Landschloß in herkömmlichen Formen errichtete – ohne die geringsten Anklänge an die italienische Renaissance, die doch zu Beginn des 16. Jahrhunderts den Franzosen als Inbegriff der Vornehmheit galt.

Man betritt den Schloßhof durch einen mächtigen Donjon aus dem 15. Jahrhundert mit polygonalen Ecktürmen und einem Wehrgang, den Bernard Salviati nach 1520 anlegen ließ. Am hofseitigen Treppenturm blieb der Wehrgang unvollendet. Der Donjon, ein Süd- und ein Ostflügel – beide aus dem 16. Jahrhundert – begrenzen den Hof. Den Flügel neben dem Donjon öffnen im Erdgeschoß flachbogige Arkaden einer Galerie, und Zwerchgiebel fassen die Arkaden optisch zu Paaren zusammen.

Anspruchslos wirkt dagegen der Ostflügel. Doch der berühmte Ziehbrunnen des Hofes mit seiner charmanten Schieferhaube auf Säulen und der Rosenstrauch der Cassandra – sorgsam gehütetes Symbol ihrer Liebesbeziehung zu dem Dichter Ronsard – lenken den Blick von der nüchternen Wandfläche ab.

Im Inneren gelangt man zunächst in den Gardensaal, einen rustikalen Raum mit Balkendecke und Kamin, an dem man Reste alter Bemalung gefunden hat. Vollständig erhalten aus der Zeit der Salviatis ist die gewölbte Küche mit flachbogig geöffneter Feuerstelle einschließlich Backofen und einem Mechanismus für den Bratenspieß. Auch eine Kühlkammer für das Fleisch ist vorhanden.

Man zeigt verschiedene Schlafzimmer mit Baldachinbetten, darunter Gemächer, in denen nach der Tradition Karl IX. und seine Mutter Katharina von Medici schliefen, wenn sie zu Gast waren. Die beiden außergewöhnlichsten Räume wurden im 18. Jahrhundert neugestaltet: Speisesaal und Großer Salon.

Der Speisesaal hat einen Fußboden aus weißen Achteck- und kleinen schwarzen Quadratfliesen. Wandtäfelung, Balkendecke und die vollständig erhaltene Möblierung sind ebenfalls in Weiß gehalten. Hierzu steht kühl in lebhaftem Kontrast eine türkisgrundige, mit Schlingblüten in Rot, Blau und Weiß bemalte Leinentapete (vgl. Vorsatzpapier vorn und hinten). Selbst ein Wasserbehälter aus Kupfer samt Auffangbecken und ein mit Eis zu füllendes Kühlgefäß sind noch vorhanden. Eindrucksvoller kann man kaum nacherleben, in welch kultiviertem Rahmen ein Gutsherr des 18. Jahrhunderts speiste.

Außenfront des Donjons

Der Große Salon beansprucht das gesamte erste Obergeschoß des Donjons. Auch hier wieder die übliche Balkendecke, die dem Raum einen rustikalen Grundcharakter gibt. Erst die Ausstattung bewirkt die Noblesse des Raumbildes: auf dem Fußboden ein riesiger Savonnerie-Teppich, in die Wandvertäfelungen eingelassen Aubusson-Teppiche mit mythologischen Szenen. Am meisten überrascht die Vielzahl erlesener, mit rotem Satin bespannter Sitzmöbel, gruppiert um Spieltische. Fast alle Sitzmöbeltypen, die das 18. Jahrhundert kannte, sind vertreten – versehen mit der Signatur des führenden Pariser Kunstschreiners Jean-Baptiste Lebas.

Man sollte nicht versäumen, einen Blick in den mit Nußbäumen bestandenen Wirtschaftshof zu werfen. Gleich hinter der Mauer am Tor ist eine Pferdeschwemme angelegt, durch die man die Tiere trieb, um ihre Hufe zu säubern. In einer Scheune sieht man eine Weinpresse des 17. Jahrhunderts, die noch heute betrieben werden könnte. Aus dem 16. Jahrhundert stammt das zylinderförmige Taubenhaus, von denen es nicht mehr allzu viele gibt. Die meisten wurden in der Französischen Revolution beseitigt, denn sie galten als Symbole des verhaßten Adels. Seit dem Mittelalter war es ein Privileg der Feudalherren, solche Taubenhäuser zu besitzen. In die dicke, außen fast geschlossene Mauer sind innen weit über tausend Nistplätze eingelassen. Mittels Leitern an einem Drehgestell kam man an die schmackhaften Vögel und an ihre Eier heran.

Die Liebe der Cassandra

Im Jahre fünfzehnhundertsechsundvierzig war es,
daß eine grausame Frau in ihres Haares
Geschling mein Herz gefesselt, das dies Haar berückt:
so grausam und so schön ward ich beglückt.

Doch damals dachte ich: in Ewigkeit,
ich Einfaltspinsel! währt es nicht dies Leid,
und daß die Locken ihrer blonden List
ich schon nach zwei, drei Tagen leicht vermißt.

Ein Jahr verging, ein anderes fängt an
und mehr denn je bin ich im süßen Bann
des goldnen Netzes. Wenn der Tod vielleicht

die Fesseln lösen möcht und heilen meinen Schmerz,
schlingt Amor sie, indem er mich beschleicht
mit leerer Hoffnung, fester noch ums Herz.

Die kindliche Schönheit von nur fünfzehn Jahren
mit hundert goldnen Ringlein in den Haaren,
mit einer Jungfraunhaut, mit einer Rosenstirne,
mit einem Lächeln, das die Seel' entrückt in die Gestirne,

ein schneeiger Hals, milchweißen Busens Lust,
ein reifes Herz in einer jugendfrischen Brust,
und Tugend wert der Schönheit dieses Leibes:
die Götterschönheit eines Menschenweibes.
Ihr Auge ist so stark, aus Nächten Tag zu machen,
und ihre milde Hand verwandelt Leid in Lachen,
hält mich mit ihren Fingern fest umschlungen.

Auch singt sie süß. Doch manchmal unterbricht
ein Lächeln oder Seufzen ihr Gedicht.
Von solchen Zauberein ward mein Verstand bezwungen.

Pierre de Ronsard (1524–1585)
(zit. nach der Übertragung bei Champigneulle, S. 35 f.)

Schloßhof mit Ziehbrunnen und Rosenstrauch der Cassandra

Speisesaal mit originaler Ausstattung

Schloßküche (unten)

Vorhergehende Doppelseite: Großer Salon

Inneres des Taubenhauses mit den Nistplätzen

Weinpresse

Blois

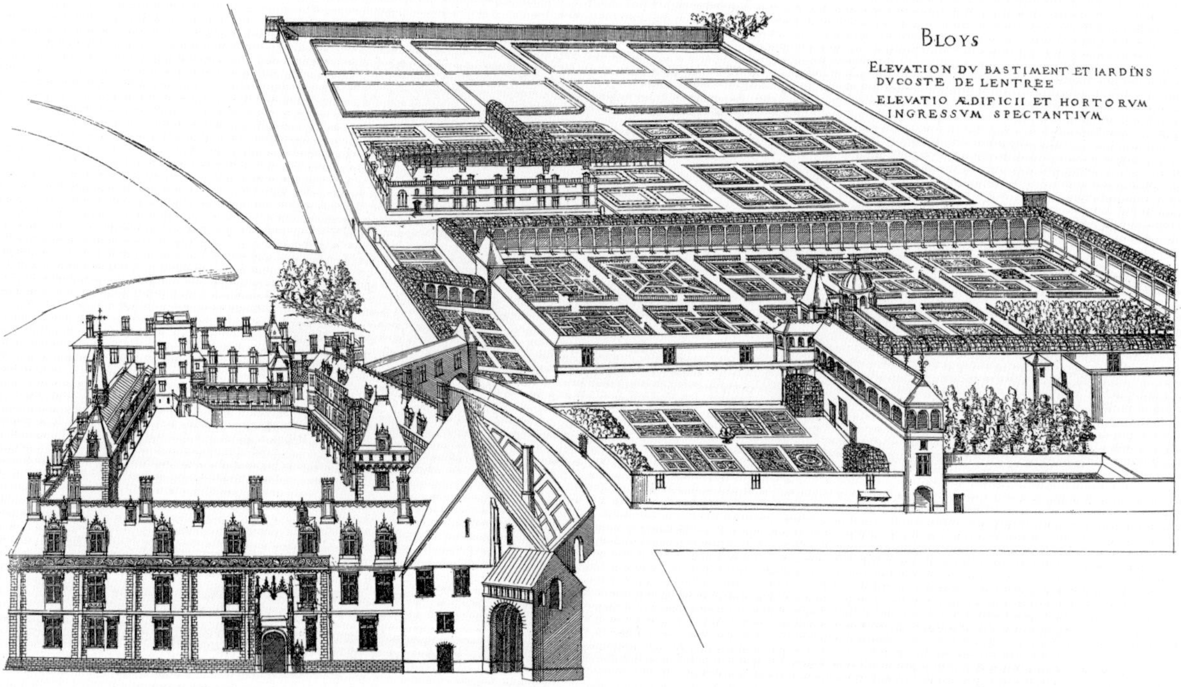

Ansicht des Schlosses und der Gärten nach Du Cerceau, 1607

Blois ist Königsstadt, seine Geschichte eng mit der ihres Schlosses verbunden. Alle Wandlungen der französischen Architektur von Ludwig dem Heiligen bis zu Ludwig XIII. – vom 13. bis zum 17. Jahrhundert – sind an diesem Bauwerk abzulesen. Stadtbeherrschend auf einer Erhebung zwischen den Tälern von Loire und Arrou errichtet, umschließt der Baukomplex einen unregelmäßig viereckigen Hof.

Das äußerlich schmucklose Eckgebäude an der Nordseite ist der älteste Teil der Anlage, im 13. Jahrhundert von den Grafen von Blois erbaut. Nachdem der letzte 1391 seinen einzigen Sohn und Erben verloren hatte, verkaufte er die mächtige Grafschaft an den Herzog Ludwig von Orléans, den Bruder Karls VI. Der älteste Sohn Herzog Ludwigs, Karl von Orléans, wurde – einundsiebzigjährig – Vater eines Sohnes, der als Ludwig XII. 1498 die Königswürde erlangte und seine Geburtsstadt Blois zur Residenz wählte.

Flügel Ludwigs XII.,
Hofansicht

Flügel Franz' I.,
Außenansicht

Man kann diese schwindelerregende Schöpfung von genial erfundenen und feinen Einzelheiten voller Wunder, die den Steinen Sprache leihen, nur mit den reichen, tief eingeschnitzten Elfenbeinarbeiten aus China oder Dieppe vergleichen. Kurzum, der Stein ähnelt dort einer mit gedrehter Seide übersponnenen Spitze. Die Blumen, die Gestalten von Menschen oder Tieren steigen längs der Rippen auf, vervielfachen sich von Stufe zu Stufe und krönen diesen Turm mit einem Gewölbeschlußstein, auf dem die Meißel der Kunst des sechzehnten Jahrhunderts mit den naiven Bildschnitzern gerungen haben, die fünfzig Jahre zuvor die Gewölbeschlußsteine der beiden Treppen im Schloß Ludwigs XII. plastisch gestaltet hatten. Wie geblendet man angesichts dieser mit unermüdlicher Weitschweifigkeit immer aufs Neue entstehenden Formen auch sein möge, man merkt, daß es Franz I. für Blois ebenso an Geldmitteln gemangelt hat wie Ludwig XIV. für Versailles. Mehr als eine Gestalt zeigt ihr hübsches, feines Köpfchen, das aus einem kaum grob zugehauenen Block herausspringt. Mehr als eine phantastische Rosette ist lediglich durch ein paar Meißelhiebe in dem im Stich gelassenen Stein angedeutet worden; jetzt läßt die Feuchtigkeit darauf ihre grünlichen Schimmelpilze wachsen.

Honoré de Balzac über den Treppenturm von Blois, 1843
Aus dem Roman ›Katharina von Medici‹

Flügel Franz' I. mit Treppenturm

*Paul Delaroche,
Die Ermordung des
Herzogs von Guise im
Schloß zu Blois, 1834.
Chantilly, Musée Condé*

Um 1500 ließ Ludwig XII. den zweigeschossigen Flügel aus Ziegel und Werkstein errichten – mit seinen ausgewogenen Proportionen, dem Reichtum der Schmuckdetails in den spätesten Formen der Gotik und dem lebendigen Kontrast der Materialien eine Architektur, die nicht eindrucksvoller den Schönheitssinn des Bauherrn bezeugen könnte. Alle Pracht der Zierformen ist auf das rundbogige Portal zum Innenhof konzentriert, über dem in einer Nische der König zu Pferd erscheint. Die ursprüngliche Statue ist nicht erhalten; sie wurde in der Französischen Revolution zerstört und 1859 durch die heutige ersetzt. Auch das Stachelschwein – Symbol des Königs – zwischen den Initialen L (Ludwig) und A (Anne de Bretagne, Gemahlin des Königs) unter der Nische ist nicht alt. An dieser Stelle war zu Ludwigs Zeiten eine lateinische Inschrift mit überschwenglichem Lob auf den Herrscher angebracht: »Hier, wo durch ein günstiges Geschick Ludwig geboren wurde, nahm er mit würdevoller Hand das königliche Zepter. Glücklich der Tag, der strahlend die Nachricht von einem solchen König hervorbrachte, Gallien war eines so erhabenen Herrschers nicht würdig.« Tatsächlich sollte Ludwig XII. seinem Nachfolger ein klug geführtes und friedliches Reich hinterlassen.

Man kann sich keinen kontrastreicheren Unterschied denken als den zwischen dem Flügel Ludwigs XII. und dem seines Nachfolgers Franz' I., obgleich dieser Bauteil nur fünfzehn Jahre später errichtet wurde. Dort noch ein Verharren in herkömmlichen Formen und nur zögerndes Aufkeimen neuer Elemente, hier eine vollerblühte Renaissancearchitektur, von Italien zwar inspiriert, doch im Reichtum der Schmuckformen eigenständig entwickelt. Der dreigeschossige Flügel Franz' I., wie die meisten Loire-Schlösser der Renaissance aus weichem Kreidegestein, das mühelos zu bearbeiten war, ist keine vollständige Neuschöpfung, denn er enthält frühere Gebäudeteile. Zur Stadt hin entstand eine großartige Loggienfassade.

Im Hof dominiert über alles der brillante durchbrochene Treppenturm. Honoré de Balzac beschreibt ihn in seiner ›Katharina von Medici‹ als einen maurischen Einfall, ausgeführt von Riesen, ausgearbeitet von Zwergen; er verleihe dieser Fassade etwas Traumhaftes.

Vieles an den Fassaden und am Treppenturm ist im Laufe der Jahrhunderte mutwillig oder durch Verwitterung zerstört und vor allem im 19. Jahrhundert erneuert worden. Doch ohne die Bemühungen der Restauratoren hätte die Architektur die ihr von ihren Schöpfern zugedachte Ausstrahlung verloren.

Im Erdgeschoß, das noch Teile der mittelalterlichen Anlage bewahrt, waren zweifellos Wirtschafts- und Diensträume untergebracht. Die luxuriösen Gemächer des Königs lagen im ersten und zweiten Stock.

Man wird nicht erwarten dürfen, hier noch bewegliche Ausstattungsstücke aus ursprünglichem Bestand zu entdecken, wurden sie doch im 16. Jahrhundert ständig ausgeräumt und mitgenommen, wenn der Monarch seine Residenz verlagerte. Nur an wandfester Ausstattung ist einiges erhalten geblieben. Im 19. Jahrhundert versah man die Wände und Decken zusätzlich mit vielfarbigen Dekorationen, die die Räume zwar prächtig herausputzen, jedoch wenig mit historischem Befund zu tun haben dürften. Dennoch sollte man diese Art der Ausmalung als Dokument für die Auffassung von Denkmalpflege jener Zeit respektieren.

Prunkkamin mit den Emblemen Franz' I. (Salamander) und der Claude de France (Hermelin)

Der große Saal des ersten Stocks hinter dem Treppenturm bewahrt zwei originale Prunkkamine und Türumrahmungen aus der Zeit Franz' I. mit herrlichen Arabesken und den königlichen Symboltieren.

Der am besten erhaltene Raum des ersten Stocks aus gleicher Zeit ist das Kabinett. Seine Wände sind ganz mit Boiserien verkleidet, die in hochrechteckige Füllungen aufgeteilt sind. Ihre Gleichförmigkeit hat man geschickt dazu genutzt, Geheimschränke einzubauen, die ein mit dem Fuß zu bedienender Mechanismus öffnet. Es ist eine Vorstellung der Volksphantasie, daß es sich um die Giftschränke

Kabinett mit Geheimschränken

der Katharina von Medici handelt. Honoré de Balzac läßt sie hier in einer dramatischen Szene seines Katharina-Romans Geheimpapiere verstecken, wobei sie von Maria Stuart, ihrer Schwiegertochter und Gemahlin Franz' II., überrascht wird, denn es gelingt ihr nicht, die offene Füllung rasch genug wieder zu verschließen.

Tatsächlich hat Katharina von Medici die Zimmer des ersten Stockwerks bewohnt. Neben dem Kabinett sieht man ihr Oratorium und ihr Schlafzimmer, wo sie 1589 der Tod überraschte; vor ihm glaubte sie sich in Blois sicher, hatte doch der Sterndeuter Ruggieri ihr prophezeit, sie werde in Saint-Germain sterben.

Das Stachelschwein, Emblem Ludwigs XII. (vgl. Abb. S. 18)

Das zweite Obergeschoß war das Appartement Heinrichs III., ebenfalls ein Sohn Katharinas. Hier ließ er 1588 den Herzog Heinrich von Guise ermorden, weil dieser ihn zu entthronen gedachte. Die Schloßführer verstehen es, den Besuchern diese Bluttat in allen Einzelheiten am ›Originalschauplatz‹ zu vergegenwärtigen. Man lasse sich aber nicht täuschen! In Wirklichkeit sind die Räumlichkeiten seit dem 17. Jahrhundert verändert, und mehr über den Hergang des Mordes, als daß die Schergen den Herzog im Gemach des Königs jämmerlich zurichteten und sein Leichnam auf einen schäbigen Teppich geworfen wurde, dem Spott der Hofleute preisgegeben, berichten die Quellen nicht. Ein Historiengemälde von Paul Delaroche stellt mitreißend den Moment nach der Tat vor Augen und gibt einen getreuen Eindruck von einem französischen Renaissanceinterieur.

Der eindrucksvollste Raum des Schlosses ist die Salle des Etats im ältesten Gebäudeteil. Hier gewährten einst die Grafen von Blois ihre Audienzen, hier gaben sie Feste, hier empfingen sie Ehrenbezeugungen und sprachen sie Recht. Heinrich III. vereinigte 1576 und 1588 in diesem Saal die Generalstände, wonach er seinen Namen erhielt. Säulen und spitzbogige Arkaden teilen ihn in zwei Schiffe, jedes mit einem Holzgewölbe überdeckt. Der Saal entstand im frühen 13. Jahrhundert und wurde im 19. Jahrhundert vielleicht zu theaterhaft neu ausgemalt.

Der jüngste Bauteil des Schlosses ist der Flügel an der Südwestseite des Hofes. Der berühmte Architekt Ludwigs XIII., François Mansart, errichtete diesen Trakt von 1635 an für den Bruder des Königs, Gaston d'Orléans, der die Grafschaft Blois als Apanage erhalten hatte und Anspruch auf die Thronfolge erhob. Sämtliche alten Teile des Schlosses plante Mansart niederzureißen, um einen vierflügeligen Neubau von großartigem Zuschnitt zu errichten. Doch als dem König ein Nachkomme – der spätere Ludwig XIV. – geboren wurde und Gaston nur noch wenig Aussichten hatte, König zu werden, strich man ihm die Baukredite. So verschwanden nur einzelne Teile der alten Schloßanlage, die dem neuzuerrichtenden Hauptflügel im Wege waren, darunter auch ein Stück vom Flügel Franz' I. und das Langhaus der Kapelle Saint-Calais von 1508.

›Salle des Etats‹

Der Ständesaal des 13. Jahrhunderts wurde im 19. Jahrhundert aus dem Bestreben heraus, den Geist des Mittelalters neu zu beleben, wiederhergestellt. Für diese Epoche ist die Farbigkeit und das Überladene der Dekoration charakteristisch. Man muß diese Art von schöpferischer Denkmalpflege heute als zeitgeschichtliches Dokument verstehen und würdigen.

Chambord

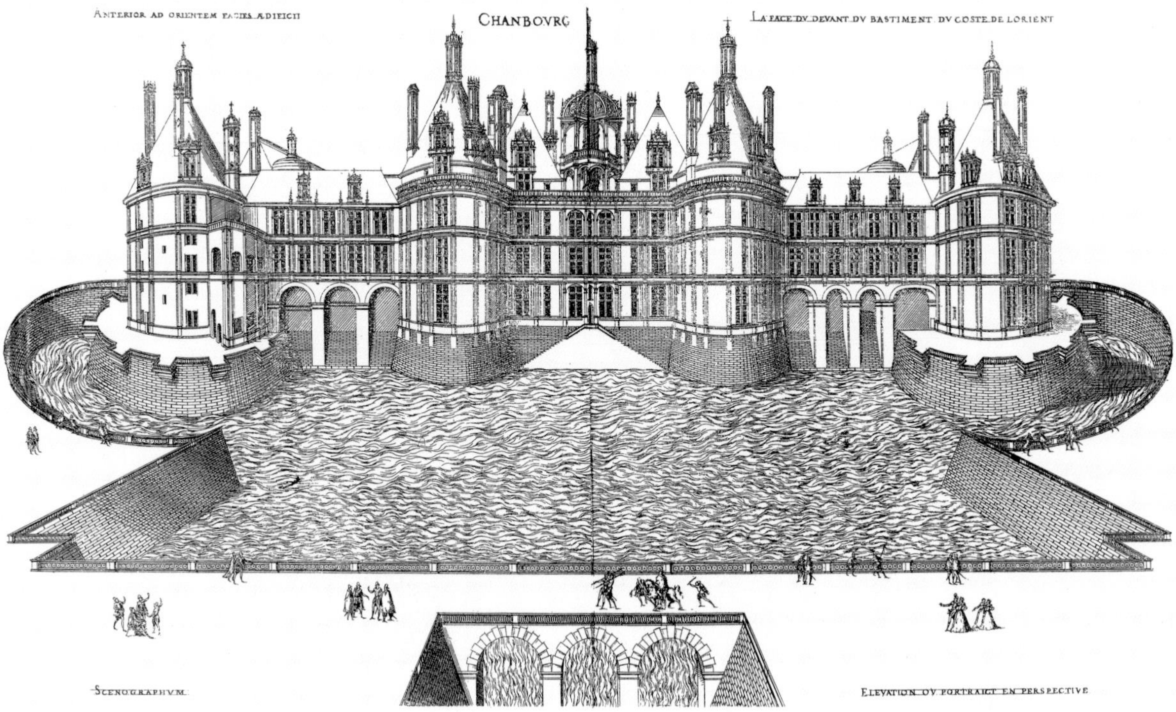

Nordwestfront des Schlosses nach Du Cerceau, 1576

»Ein Inbegriff dessen, was menschliche Kunst hervorzubringen vermag«, urteilte Kaiser Karl V. über das noch unvollendete Chambord, als Franz I. ihm 1539 hier einen pompösen Empfang bereitete. Einige Jahrzehnte danach veröffentlichte Jacques Androuet Du Cerceau das Schloß in seinem Stichwerk der berühmtesten Bauwerke Frankreichs und hob die Schönheit der Baumasse, den wunderbaren Anblick und die Bequemlichkeit des Inneren hervor. Blättert man das Schlösserwerk Du Cerceaus durch, so läßt sich noch heute ermessen, mit welcher Souveränität Chambord alles andere an zeitgenössischer Architektur im Lande durch Großartigkeit und Phantasie in den Schatten stellte.

Keineswegs ist die Baugeschichte so geklärt, wie man es erwarten möchte. Warum baute der König? Amboise und Blois waren Residenzen, die ihm mit der Krone zugefallen waren. So wünschte Franz I. ein Bauwerk, das bis ins Detail seine persönliche, über alles erhabene Herrscherwürde verkörpern sollte. Er wählte als Platz eine Ebene in der wald- und wildreichen Sologne, wo bereits ein mittelalterliches Schloß stand. Es war wie die ganze Gegend Königsbesitz und wurde für den

Neubau niedergelegt. Das Waldgebiet selbst schon mußte einen so leidenschaftlichen Jäger wie Franz I. in seinen Bann ziehen. Es umfaßte eine Fläche von mehr als 5500 Hektar und wurde auf Anordnung des Königs mit einer 32 Kilometer langen Mauer eingefriedet.

Die Arbeiten am neuen Schloß begannen 1519. Wegen der schwierigen und kostspieligen Fundamentierung im morastigen Gelände gingen sie nur mühsam voran und wurden fünf Jahre später durch den Italienfeldzug des Königs unterbrochen. Erst 1526 konnte der Baubetrieb wieder aufgenommen werden. In den nächsten zwölf Jahren sollen ständig 1800 Arbeiter beschäftigt worden sein. Die persönlichen Appartements des Königs wurden erst 1547 – in seinem Todesjahr – vollendet. So könnte es zutreffen, daß er insgesamt nur vierzehn Tage in Chambord verlebte.

Sein Sohn Heinrich II. führte die Arbeiten weiter, doch durch die Religionskriege, den tragischen Tod des Königs 1559 und fehlende Mittel blieb das zu gewaltig gedachte Prunkschloß unvollendet. Dennoch verfehlte es die Wirkung, die Franz I. für seinen Nachruhm gewollt hatte, nicht. Der venezianische Gesandte Geronimo Lippomano schrieb 1577, er habe in seinem Leben viel prächtige Architektur gesehen, »niemals aber eine schönere und reichere. Der Park, in dem das Schloß liegt, ist angefüllt mit Wäldern, Seen, Bächen, Weiden und Jagdrevieren. Und in der Mitte ragt dieses schöne Gebäude auf mit seinen vergoldeten Zinnen, seinen bleigedeckten Flügeln, seinen Pavillons, seinen Terrassen und seinen Galerien ... Wir verließen den Ort voller Verwunderung, voller Erstaunen, ja vielmehr voller Bestürzung.«

Bei aller ungewohnten Pracht der Erscheinung ist die architektonische Struktur des Schlosses fest in der französischen Tradition verwurzelt. Ein rechteckiger, größtenteils unvollendeter Gebäudegürtel, 156 x 117 Meter groß, mit runden Ecktürmen umschließt den Schloßplatz. In ihn ragt von einer Seite des Gebäudegürtels aus der Koloß des Donjons hinein, ebenfalls mit runden Ecktürmen bewehrt. Dieser Donjon ist das eigentliche Wunder von Chambord. Auf quadratischem Grundriß errichtet, schließt ihn im Inneren eine zentrale durchbrochene Treppe mit zwei ineinander gewendelten Läufen auf. An diese Treppe stoßen kreuzförmig in jedem Geschoß riesige Säle und begrenzen jeweils vier Eckappartements, die sich bis in die Rundtürme erstrecken. Diese Raumdisposition mit der Treppe im Zentrum ist die besondere architektonische Idee. Es gibt gute Gründe für die Hypothese, daß sie von Leonardo da Vinci stammt, dem größten Genius der Zeit, den Franz I. an seinen Hof nach Amboise geholt hatte und der dort 1519 starb – im Jahr des Baubeginns von Chambord. Der König fertigte für das Schloß eine Anzahl von Planzeichnungen an. Undenkbar, daß er Leonardo hierbei nicht um Rat gefragt hätte. Die Form der Treppe mit ihren beiden Läufen, die so ineinander verwoben sind, daß ein Hinaufsteigender einem Heruntergehenden nicht in die Quere zu kommen braucht, ist italienischen Ursprungs. Auch Leonardo hat ähnliche Treppen gezeichnet.

Die Treppe gipfelt außen in einer prunkvollen Laterne (die heutige ist eine Kopie von 1891), dem Zentrum der eigentümlichen Schmuckaufbauten auf der Dachterrasse. »Wir glauben uns in einer merkwürdigen, schwebenden Miniaturstadt mit ihren Straßen, Gäßchen, Kreuzungen und Plätzen. Wir bewegen uns inmitten von rechteckigen und zylindrischen Aufbauten aller Größen, die reich in Stein behauen und mit Rauten, Dreiecken, Kreisen und Halbkreisen aus Schiefer in den steinernen Gesimsen stark verziert sind, deren Zweck auf den ersten Blick nicht klar wird und die in Wirklichkeit Türme, Türmchen, Seitentürmchen, Schornsteine, Lukarnen, Nischen darstellen. Dies alles ist mit Fialen, Voluten, Blumen, Nymphen, kleinen Faunen, Sphinxen, hübschen Ungeheuern und einer fröhlichen Menge beflügelter Liebesgötter geschmückt. Die königlichen Embleme treten überall auf: vor allen Dingen die Lilien, verstreut, vereinzelt und in Gruppen – so bestehen die Kränze einzelner Schornsteine aus dreißig nebeneinander angebrachten Lilien. Der Buchstabe F erscheint in allen Größenordnungen, ferner Königskronen und feuerspeiende Salamander, wobei die Bildhauer Vergnügen daran fanden, deren Aussehen abzuwandeln und die Flammen wie enteilende Irrlichter zu verteilen.«[7]

Nicht überliefert ist, ob Franz I. der Dachterrasse eine besondere Rolle für die Inszenierung seiner Feste zugedacht hatte. Die Vorstellung, daß man von ihr aus nur die schöne Aussicht auf den umliegenden Wald genossen hätte, befriedigt allerdings nicht. Die Idee, die Dachzone prunkvoll zu schmücken und das Auge durch eine Vielfalt an Kaminen und Lukarnen zu verwirren, ist nicht neu. Ähnlich hatte bereits Herzog Ludwig I. von Anjou anderthalb Jahrhunderte zuvor sein Schloß Saumur ausgestattet (vgl. die Miniatur aus dem ›Kostbarsten Stundenbuch‹ des Herzogs von Berry auf S. 133). Aber es bleibt nicht nur bei der Freude am Spiel mit Schmuckformen. Diese zeugen »deutlich vom Drang nach Bekräftigung und Selbstbehauptung; der politische Charakter springt sogleich ins Auge. Neben der Esoterik des Ganzen wirken die unzähligen Liliensymbole, die Kronen über den Fenstern, die Initialen und Embleme, jenes F. R. F. (François Roi de France), das in Schieferbuchstaben auf einer Schornsteinmündung zu lesen ist, als eigensinnige Proklamation des Königtums.«[8]

Die Räume des Schlosses – es sind mehr als vierhundert – bilden ein unergründliches Labyrinth. Dies ist kein Schloß, in dem sich auf Dauer leben läßt. Man hat von einem Spiegelbild der berüchtigten Begehrlichkeit und Lüsternheit des Königs gesprochen, vom Architektur gewordenen Abbild einer krankhaften Natur. Doch sich hiermit zu begnügen hieße, das Wesentliche dieser Architektur zu übersehen. Du Cerceau hebt die Einzigartigkeit der klar überlegten Raumdisposition durch die zentrale Treppe und die anschließenden Säle hervor. Er spricht von *commodité* – Bequemlichkeit –, womit nicht behagliches Wohnen gemeint ist, sondern der vernünftige architektonische Zuschnitt und seine von jedem Wohnzweck ungebundene Wirkung. Von diesem Kernbereich aus muß man Chambord in seiner eigentlichen Bedeutung verstehen: als ideale Architektur, als Abbild der idealen Herrschaft des Königs.

Seit Jahrzehnten bemüht sich die Denkmalpflege, die fast völlig ausgeplünderten Räume wenigstens teilweise wieder einzurichten. Man versucht, Museumsstücke zusammenzutragen, die die Persönlichkeiten vergegenwärtigen, die in der Geschichte des Schlosses eine Rolle spielten – nach Franz I. König Ludwig XIV., Stanislaus Leszczyński oder der Marschall von Sachsen.

7
Bernard Champigneulle, Loire-Schlösser, München ³1971, S. 66.

8
Pierre Gascar, Chambord, Luzern/Frankfurt 1965, S. 59.

Blick in die Laterne des Treppenhauses

Große Treppe im Donjon

Schmuckaufbauten auf der Dachterrasse

Linke Seite: Blick von der Dachterrasse auf den Park

Nächste Doppelseite: das Schloß im Morgenlicht

Chaumont

Chaumont zählt zu den wenigen Schlössern an der Loire, die einen unmittelbaren Bezug zum Fluß haben. Auf schroffem Felsen über dem Ufer errichtete Graf Eudes I. von Blois im 10. Jahrhundert eine Burg gegen seinen Rivalen um den Besitz der Touraine, Fulko Nerra, den Grafen von Anjou. Diese Anlage ging im 11. Jahrhundert in den Besitz der Herren von Amboise über, wurde im 12. Jahrhundert geschleift und wieder aufgebaut. Als sich im 15. Jahrhundert Pierre d'Amboise mit anderen Feudalherren gegen Ludwig XI. verbündete, beschlagnahmte der König das Schloß und ließ es zerstören. Doch Pierre d'Amboise erlangte die Gunst des Königs zurück und durfte das Gebäude wiederherstellen. Sein ältester Sohn Charles I. d'Amboise begann die Arbeiten 1465 und errichtete einen heute abgetragenen Flügel über dem Fluß sowie den Nordwestflügel mit der Tour d'Amboise. Der Sohn Charles II., als Maréchal de France, Admiral, Generalleutnant in Italien und Großmeister des Königlichen Hauses in Diensten Ludwigs XII., vollendete das Schloß bis zu seinem Tode 1511. Da er jedoch lange in Mailand residierte, dürfte er die Aufsicht über die Bauarbeiten seinem Onkel, dem Premierminister Ludwigs XII., Kardinal Georges I. d'Amboise, übertragen haben.

1560 kaufte Katharina von Medici Schloß Chaumont und zwang Diana von Poitiers, die Mätresse ihres verstorbenen Gemahls Heinrichs II., es gegen das heitere Chenonceau einzutauschen, das die Regentin für sich beanspruchte. Diana konnte die düstere Atmosphäre von Chaumont und die Trostlosigkeit des Daseins hinter strengen Mauern nicht ertragen; sie zog schließlich als Residenz ihr Schloß Anet vor, obwohl Chaumont bis zu ihrem Tode 1566 ihr Eigentum blieb.

Nach zahlreichem Besitzerwechsel vom 16. bis zum 19. Jahrhundert gehörte Chaumont zuletzt dem Prinzen Amédée de Broglie, dessen Frau, die Tochter eines Zuckermilliardärs, Chaumont mit in die Ehe brachte. Die Broglies ließen die Anlage umfassend restaurieren. 1938 kaufte sie der französische Staat.

Im 18. Jahrhundert machte Jacques-Donatien Le Ray Chaumont zu einem Zentrum der Kunstindustrie. Neben anderen Manufakturen richtete er eine Werkstätte zur Fabrikation von Medaillons aus Keramik ein. Als künstlerischen Leiter gewann er den berühmten italienischen Modelleur Giovanni Battista Nini (gest. 1786 in Chaumont). Seine Porträtmedaillons großer Persönlichkeiten aus gebranntem Ton waren wegen ihrer feinen Ausführung begehrt, und sie brachten Le Ray nicht unerhebliche Gewinne.

Dank dieser Manufakturen galt Chaumont während der Französischen Revolution als nützliches Bauwerk und blieb von Zerstörungen verschont. Der Sohn Le Rays, der sein Glück in Amerika suchte, überließ das Schloß für die Zeit seiner Abwesenheit Madame de Staël. Von Napoleon aus Paris verbannt, schrieb sie hier ihr Werk ›De l'Allemagne‹ und scharte einen Kreis von Schöngeistern um sich, darunter die deutschen Dichter Adelbert von Chamisso und August Wilhelm Schlegel.

Schloß Chaumont öffnet sich mit seinen drei Flügeln zum Fluß hin. Der vierte Flügel wurde im 18. Jahrhundert niedergelegt, denn die Bewohner empfanden es als störend, daß er ihnen den Blick auf die Loire versperrte. Von der Parkseite betrachtet, hat das Bauwerk mit seinen mächtigen Rundtürmen den Charakter einer Festung. Älteste Teile sind der Nordwestflügel und der abweisend glatte Rundturm (Tour d'Amboise) der Westecke mit seinem 3,70 Meter dicken Mauermantel. Den Bewohnern konnte der Turm als letzte Zufluchtsstätte dienen, denn obwohl mit den Wohnflügeln verbunden, ist er von ihnen unabhängig, und eine Wendeltreppe in der Mauerstärke verbindet seine Geschosse.

Eingangsfront

Man betritt den Hof über die Zugbrücke an der Südostecke zwischen zwei enggestellten Rundtürmen. Wappen und anderer plastischer Zierat beleben die nüchternen Wände aus weißen Quadern: am linken Turm das Wappen des Kardinals Georges d'Amboise, am rechten das des Charles II. d'Amboise, gehalten von ›Wilden Männern‹. Über dem Durchlaß zum Hof erscheinen neben dem Wappen Frankreichs die Initialen Ludwigs XII. und der Anne de Bretagne, umgeben von den Lilien Frankreichs und den Hermelintupfen der Bretagne; darunter eine Nische mit einer Madonnenstatuette. Ein Fries zieht sich um die Türme und die angrenzenden Gebäudeflügel: Zwei verschlungene C (Charles und seine Gemahlin Cathérine) wechseln ab mit flammenden Hügeln – eine Verbildlichung von *chauds monts* (die Etymologen halten diese Deutung des Ortsnamens für willkürlich und leiten den Namen von lateinisch ›calvus mons‹ – kahler Berg – her). Ineinander verschlungene Initialen D im Wechsel mit Jagdattributen über den Pechnasen des Wehrgangs gehen auf Diana von Poitiers zurück.

Aus dem Südostflügel ragt neben der Kapelle, die ihn an der Nordseite abschließt, der Turm Saint-Nicolas vor. Die Volksphantasie hält ihn für den Ort, an dem sich Katharina von Medici mit dem Astrologen Ruggieri eingeschlossen hat, um die Sterne nach dem Schicksal ihrer Söhne zu befragen.

Mehr als die stark restaurierten Hoffassaden zieht die Aussichtsterrasse gegenüber der Tordurchfahrt die Besucher an. Der Südostflügel erhielt vor dem obersten Geschoß im 19. Jahrhundert einen langgezogenen Balkon mit Maßwerkbalustrade. Auch die Galerie vor dem Südwestflügel stammt aus dieser Zeit. Der polygonale

Innenansicht des Treppenturms

Treppenturm neben der Durchfahrt hat im unteren Teil seinen phantasievollen Dekor bewahrt: spätgotische Zierformen, zaghaft mit italienischen Renaissanceelementen vermischt; über der Tür erscheint wiederum das Wappen des Kardinals Georges d'Amboise. Die oberen Teile des Turmes sind erneuert. Ein anderer Treppenturm am Nordwestflügel hat ein Portal, das noch ganz in den Formen der Spätgotik verharrt.

Im Inneren des Schlosses ist wenig von der ursprünglichen Ausstattung erhalten. Man findet hier Wandteppiche und Möbel hauptsächlich des 16. bis 18. Jahrhunderts museal zusammengetragen. Beachtenswert ist im großen Saal ein italienischer Fußboden des 17. Jahrhunderts aus farbigen Fayenceplatten, die Prinz Amédée de Broglie aus Süditalien mitbrachte.

Der Prinz legte auch den Park von Chaumont an und errichtete 1877 anstelle der Werkstätten des Le Ray Remisen und Stallungen – eine wahre Residenz für Pferde und Ponys mit allem nur erdenklichen Luxus. Die Ställe schließen ein altes Taubenhaus ein, in dem der Modelleur Nini im 18. Jahrhundert seine Öfen eingerichtet hatte. Prinz de Broglie ließ es zu einer Manege für die Ponys seiner Kinder umgestalten.

Herbststimmung an der Loire

Fußboden aus italienischen Fayenceplatten des Großen Saals (links)

Fougères-sur-Bièvre

Fougères ist ein mitten im Dorf gelegenes Landschloß, das weniger durch künstlerischen Anspruch wirkt als vielmehr durch die Wucht und Strenge seiner Baukörper. Die Geschichte des Schlosses reicht bis ins 11. Jahrhundert zurück. Im 14. Jahrhundert wurde es durch den ›Schwarzen Prinzen‹, den Sohn des englischen Königs Edwards III., bis auf den viereckigen Donjon geschleift. Das Gut fiel durch Heirat an Jean de Refuge. Sein Sohn Pierre de Refuge, Rat Charles d'Orléans' und Schatzmeister Ludwigs XI., erhielt 1470 vom König das Recht, Fougères als Festung wieder aufzubauen. Wenn auch in der Zeit der Renaissance die Gräben zugeschüttet und die Fenster vergrößert wurden, so ist der Festungscharakter bis heute bewahrt.

Vier ungleiche Flügel umschließen einen Hof. Die Außenakzente der hohen abweisenden Eingangsfront bilden der Donjon des Mittelalters und ein dicker Rundturm. Im Zwischentrakt flankieren schlanke, mit ihm verwachsene Rundtürme das Eingangsportal zum Hof. Zwischentrakt und runder Eckturm sind mit einem Wehrgang versehen. Vor der Eingangsfront liegt der Wirtschaftshof. Ihn mußte man durchqueren, um auf die längst abgerissene Zugbrücke vor dem Schloßeingang zu gelangen.

Ein wenig Wohnlichkeit verspürt man erst im Innenhof. Der Flügel am Wohnturm besteht nur aus einem Geschoß und öffnet sich in flachbogigen Arkaden einer Galerie. Ein wirkungsvollerer Kontrast zu den sonst abweisend geschlossenen Mauerflächen ist kaum denkbar. Lukarnen mit Fialen und Wappen, Portale mit Kielbögen und einige wenige Skulpturen sind zusätzliche Schmuckakzente.

Die Besitzer des Schlosses wechselten häufig. Nach der Französischen Revolution diente es als Spinnerei, dann als Wohnstätte für Landarbeiter. Schließlich kaufte es 1932 der französische Staat. Außer schönen Kaminen und einem herrlichen Dachstuhl in Form eines umgekehrten Schiffskörpers ist wenig Bemerkenswertes im Innern erhalten geblieben.

Innenhof des Schlosses mit dem Eingangsportal

Cheverny

Mit einer Tragödie beginnt die Geschichte des heutigen Schlosses Cheverny, das einen Vorgängerbau des frühen 16. Jahrhunderts ersetzt. Henri Graf Hurault, Erbe von Cheverny und schon in früher Jugend vom Militärdienst besessen, heiratete 1589 die elfjährige Tochter des Oberstallmeisters von Frankreich, Françoise Chabot. Sie aber sollte mit ihrem Gatten nicht glücklich werden. Allzulange hielten ihn die Waffen des Königs von ihr fern, sie langweilte sich und genoß Liebeswonnen mit einem Pagen. Graf Hurault ertappte die beiden, tötete den Edelknaben, der nicht mehr rechtzeitig aus dem Fenster flüchten konnte, und zwang Françoise, zwischen Schwert oder Giftbecher zu wählen. Sie entschied sich für das Gift. Nach einer Eintragung im Kirchenbuch fanden die Chirurgen im Leib der Toten einen fünfeinhalb Monate alten Jungen. Der König, der im Scherz den Argwohn Huraults geweckt hatte und sich nicht ganz unschuldig an dessen Zorneshandlung wähnte, bestrafte ihn milde, indem er ihn nach Cheverny verbannte. Bald heiratete der Graf die schöne Tochter seines Landvogts, Marguerite Gaillard, eine Frau mit hohem Kunstverstand. Ihre Abneigung gegen das altertümliche, mit Türmen bewehrte Schloß und die Erinnerung an die Geschehnisse in seinen Mauern erleichterten den Entschluß, ein modernes bequemes Gebäude zu errichten.

Die Pläne hierzu entwarf ein Architekt aus Blois, Jacques Bougier, der den Neubau vermutlich 1626 begann, aber unvollendet hinterließ, als er 1632 starb. Auch Marguerite (gest. 1635) und Henri (gest. 1648) erlebten das Schloß nicht mehr in fertigem Zustand. Erst ihre Tochter Cécile Elisabeth Marquise de Montglas ließ die Arbeiten an diesem vielbewunderten Bauwerk zum Abschluß bringen. Die Schönheit seiner Umgebung, seiner Architektur, seiner Gärten und Kanäle sei nicht geringer als die der Insel der Alcina oder des Palasts des Apolidor, schwärmte eine Verehrerin der Marquise, Anne-Marie-Louise d'Orléans.

Die Konzeption ist einfach und ohne Vorbild. Es gibt nur einen einzigen zweigeschossigen Flügel mit einem schmalen Treppentrakt in der Mitte und mächtigen Pavillons als Außenakzenten, die zur Nordseite aus der Flucht um nur eine Fensterachse vortreten und so einen denkbar schmalen Hof begrenzen. Die Gestalt des Schlosses formen vor allem die Dächer. Jedes Baukompartiment hat sein eigenes: gewölbeartige Hauben auf den Pavillons, Walmdächer von wechselnder Höhe und Breite auf dem Mittelpavillon und auf den Zwischentrakten. Unterschiedlich auch die Fassadengestaltung. Hauptmotiv der durch waagerechte Nuten feinstrukturier-

ten Eingangsfront sind Imperatorenbüsten, die den herrschaftlichen Anspruch der Architektur sinnfällig machen. An der Rückfront und an den Seitenfronten sind die Nuten zu Quadern an den Ecken und um die Fenster reduziert, wodurch ein rustikaler Eindruck entsteht.

Die Disposition des Inneren ist gegenüber dem ursprünglichen Zustand nicht wesentlich verändert. Den künstlerisch teilweise bedeutenden Räumen fehlt jede museale Sterilität. Sie sind ständig bewohnt geblieben, heute vom Marquis de Vibraye, einem Nachkommen der Huraults.

Dachzier am Mittelrisalit der Hauptfront

Rechte Seite: Treppenhaus

Vestibül und Treppenhaus in der Mitte des Schlosses öffnen den Zugang in die Appartements. Das Treppenhaus ist nach dem Vorbild von Chenonceau zweigegliedert, die Läufe sind auf Mittelpfeilern überwölbt. Sorgfältig skulptierte Gehänge mit Früchten, Waffen und Attributen der Künste schmükken die tragenden Elemente und spielen auf die besonderen Interessen der Huraults an.

Die nächst dem Treppenhaus fast vollständig original erhaltenen Räume sind der Gardensaal und das Königszimmer, das für den Besuch des Monarchen bereitstand. Blau, Gold und Rot, die heraldischen Farben des Gastgebers, bestimmen das Farbbild dieses Raumes. Skulptierte, gemalte und gewebte Figuren der antiken Mythologie beleben prunkvoll Decke und Wände. Kaum eine Stelle, die nicht in Form- und Farbstrukturen aufgelöst erscheint und dennoch geordnet durch die klaren Linien des Rahmenwerks aus Holz. Den Reichtum steigert der sorgsam verzierte Kamin und ein Prunkbett mit Baldachin aus persischer Seide.

Die vorbildlich gepflegten Außenanlagen sind heute gegenüber dem ursprünglichen Zustand vereinfacht, zahlreiche Nebengebäude abgebrochen. Aus dem 18. Jahrhundert stammt eine elegante kleine Orangerie, auf die die Mittelachse nördlich des Schlosses zuläuft.

Der Marquis de Vibraye ist als leidenschaftlicher Jagdherr bekannt. Seine Meute von mehreren Dutzend Jagdhunden im Zwinger der Wirtschaftsgebäude gehört neben einem Trophäensaal zu den Sehenswürdigkeiten von Cheverny.

*Königszimmer –
das Prunkbett mit
einer Ausstattung aus
persischer Seide*

Amboise

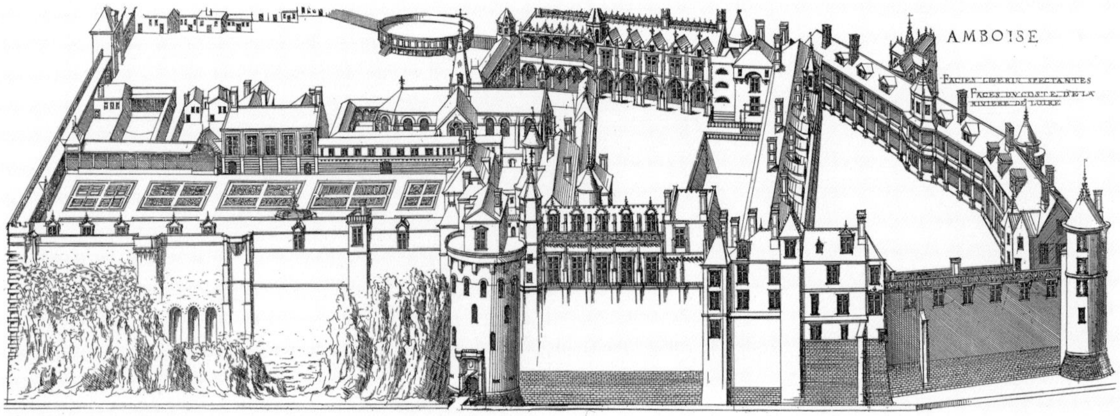

Ansicht des Schlosses von der Loire-Seite nach Du Cerceau, 1607

»Dieses Schloß ist seit altersher berühmt als eines der erstrangigen Bauwerke in Frankreich, weil die Könige hier häufig residieren. Es liegt auf einer Anhöhe über der Loire. Zu seinen Füßen breitet sich die Stadt aus. In der Nähe gibt es einen herrlichen Wald. Der Blick von diesem Schloß schweift stromauf- und stromabwärts; ich kann mich nicht erinnern, jemals einen solch überwältigenden Blick stromabwärts genossen zu haben ... Das Bauwerk ist nicht nur an der Flußseite errichtet, sondern es hat auch eine Seite zur Stadt, die es beherrscht. Ringsum ist es stark befestigt. Auf felsigem Grund, zu Füßen der Ummauerung und mit ihr verbunden, ragen zwei mächtige Türme von ungefähr zehn bis elf Klaftern Durchmesser auf. Im Inneren dieser Türme können von unten bis zum hochgelegenen Hof des Schlosses Pferdewagen hinauffahren ... Der Garten ist ein wenig zu eng für seine Länge; er ist ganz von Mauern eingeschlossen. In der Mitte des ersten Hofes ist eine Kirche in modernen Bauformen errichtet, und auf einem Vorsprung der Ummauerung zur Stadt hin steht eine kleine Kapelle.«

So erläutert Jacques Androuet Du Cerceau in seinem Stichwerk über die berühmtesten Bauwerke Frankreichs Schloß Amboise, dessen ursprüngliche Vielgestaltigkeit er überliefert. Die Gesamtsituation ist bis heute wenig verändert, doch das Gebäudeensemble nur noch ein Torso. Man muß schon Du Cerceaus Stiche vor Augen haben, will man die Königsresidenz in rechter Weise würdigen. Königsbesitz wurde Amboise 1434, als Karl VII. das Schloß der Herren gleichen Namens konfiszierte. Doch erst Ludwig XI. – und mehr noch sein Sohn Karl VIII., der hier seine Kindheit verlebte –, machte das Schloßplateau zu einer riesigen Baustelle. Mehr als 170 Maurer und 70 bis 80 Handlanger bevölkerten sie jeden Tag. Karl VIII., der seit 1492 die Arbeiten vorantrieb, war ungeduldig, das Werk vollendet zu sehen. Selbst in den Wintermonaten wurde ununterbrochen gearbeitet, des Nachts beim Schein von Talglichtern, die man auch dazu benutzte, die gefrorenen Steine zu erwärmen, um sie bearbeiten zu können. Finanziert wurde das gewaltige Projekt zum Teil aus der Salzsteuer, die dem König zustand.

Skulpturenrelief über dem Eingangsportal der Hubertus-Kapelle

Nächste Doppelseite: das Schloß mit der Hubertus-Kapelle

1494/95 unternahm Karl VIII. einen Feldzug nach Italien. Hier erlebte er den Reichtum der Patrizierpaläste und den Prunk des Hoflebens. Sogleich erwachte der Wunsch, all dies nachzuahmen.

Der Feldzug war politisch nicht erfolgreich, doch bedeutete er die Geburtsstunde der französischen Renaissance. Karl VIII. führte im Gefolge eine Schar italienischer Künstler mit nach Amboise, darunter auch – wie es die Quellen ausdrücken – einen listigen Erfinder, der sich aufs künstliche Ausbrüten von Küken verstand.

Noch bevor die Arbeiten am Schloß vollendet waren, verunglückte Karl VIII., als er mit der Königin einem Ballspiel zuschauen wollte. Auf dem Weg dorthin stieß er heftig mit dem Kopf gegen einen Türdurchbruch, ohne zunächst den Vorfall ernst zu nehmen. Doch plötzlich wurde er ohnmächtig. Man legte ihn auf einen Strohsack, von dem er sich nicht mehr erheben sollte.

Der Nachfolger Ludwig XII. wählte zwar Blois zu seiner Residenz, ließ die Bauarbeiten in Amboise aber zu Ende führen. Das Schloß wurde Wohnsitz der Louise von Savoyen, Gräfin von Angoulême und Mutter Franz' I. Hier verbrachte dieser seine Jugend, hier schaute er Maurern und Gärtnern zu, hier wurde er mit der italienischen Sprache vertraut. Als König wählte er Amboise zur Residenz. Er baute sie weiter aus und berief den größten Genius der Zeit an seinen Hof: Leonardo da Vinci. Der kleine Herrensitz Clos-Lucé in Sichtweite zum Schloß wurde 1516 Leonardos Wohnsitz bis zu seinem Tode 1519.

Die Glanzzeit des Schlosses als Königsresidenz endete unter Franz II. mit der Verschwörung des Jahres 1560. Angestachelt durch den Prinzen Condé, versuchte eine Gruppe von Hugenotten sich in Blois ihrer Gegner, der Guise, zu bemächtigen und den jungen König zu entführen. Der Hof war aber rechtzeitig nach Amboise geflüchtet, verfolgt von den Verschwörern. Sie wurden gefaßt und auf abscheuliche Weise umgebracht. Katharina von Medici, die ihren Sohn zu den Hinrichtungen

angestachelt hatte, unterzeichnete 1563 das Edikt von Amboise, das die freie Ausübung des reformierten Glaubens gestattete. Es sollte im Schloß der letzte Herrschaftsakt sein. Die Königin verließ es danach für immer.

Im 17. Jahrhundert diente es als Staatsgefängnis, im 18. Jahrhundert erhielt es der Herzog von Choiseul zusammen mit der Baronie Amboise. Anfang des 19. Jahrhunderts wurden große Teile der Baulichkeiten abgebrochen. Zuletzt Eigentum des Hauses Bourbon-Orléans, gehört Schloß Amboise heute der ›Fondation St-Louis‹, die, gestiftet vom Grafen von Paris, das historische Erbe Frankreich erhalten wissen möchte.

Wasserspeier, hier in der Verwendung als Gartenschmuck

Von den zahlreichen Trakten des Schlosses, die auf Du Cerceaus Stich zu sehen sind, steht nur noch – stark restauriert – das Logis des Königs. Der Teil zur Loire hin, eingefaßt durch einen viereckigen Pavillon (Rest des mittelalterlichen Donjons) und den runden Minimenturm, entstand unter Karl VIII. Seine Nachfolger Ludwig XII. und Franz I. fügten den sich rechtwinklig anschließenden Flügel hinzu.

Das Erdgeschoß des ältesten Teils besteht aus zwei gewölbten Galerien, von denen die zur Loire hin durch Arkaden geöffnet ist. Im Stock darüber der zweischiffige Große Saal; seine Rippengewölbe auf Säulen mit den Lilien Frankreichs und den Hermelintupfen der Bretagne wurde im 19. Jahrhundert erneuert. In diesen Raum trieb man 1560 die Verschwörer zusammen, um sie am Gitter des Balkons aufzuhängen.

Die übrigen Räume des Schlosses sind heute museal gestaltet. Neben Schloß Langeais besitzt Amboise die reichhaltigste Sammlung an Möbeln aus Spätgotik und Renaissance, die man in den Loire-Schlössern findet.

Erhalten, wenn auch teilweise erneuert, sind die Türme (›Tour Hurtault‹ im Süden und ›Tour des Minimes‹ an der Loire-Seite), in denen man mit Pferd und Wagen hinauffahren konnte.

Aus der Zeit Karls VIII. stammt die Hubertus-Kapelle, die grazil einen Vorsprung der Befestigungsmauer krönt. Eigentliches Schmuckstück des Außenbaus ist das zweitürige Eingangsportal mit einem fein skulptierten Relief: der hl. Christophorus und der hl. Hubertus, dem auf der Jagd ein Hirsch mit Kruzifix im Geweih erscheint.

Das Innere der Kapelle prunkt mit reichstem Flamboyant-Schmuck. Im linken Querschiff sind seit dem 19. Jahrhundert Gebeine beigesetzt, unter denen sich vielleicht sogar die von Leonardo da Vinci befinden.

Blick in das Gewölbe der Hubertus-Kapelle

Rechte Seite:
Blick auf das Schloß von der Loire-Seite

Aufgang im Minimenturm

Großer Saal im Schloß

Chenonceau

Zu allen Zeiten haben Frauen die tragende Rolle in der Geschichte dieses Schlosses gespielt. Seit dem 13. Jahrhundert gehörte das Land ringsum den Herren von Marques, die am Cher ein festes Haus errichtet hatten. 1414 wurde es auf Befehl des Königs geschleift, weil der Schloßherr die Waffen gegen ihn gerichtet hatte. Doch schon bald entstand eine neue Anlage. Dazu gehörte eine Mühle, die auf wuchtigen Pfeilern im Fluß errichtet war.

Pierre Marques, der 1460 die Besitzung erbte, verstand sie nicht zu verwalten. Schulden zwangen ihn, sie Stück für Stück zu veräußern. Käufer war jedesmal der Obersteuereinnehmer Karls VIII., Thomas Bohier. Genüßlich und beharrlich lauerte er auf den völligen Ruin der Marques, und nach zwanzig Jahren war alles in seiner Hand. Rings um Chenonceau hatte Bohier beachtliche Ländereien an sich bringen können. Der König billigte ihm alle Rechte und Privilegien eines Grundherrn zu.

1513 begann Bohier, das alte Schloß bis auf den runden Donjon abzureißen und auf den Substruktionen der Mühle im Cher das heutige Schloß zu errichten. Die Aufsicht über die Bauarbeiten führte seine Gemahlin Cathérine Briçonnet, denn die Staatsgeschäfte hielten ihn in Italien fest. Nach rund sechs Jahren Bauzeit war das Bauwerk vollendet. Doch nur noch kurze Zeit konnten die Bohiers sich seiner erfreuen: Thomas starb 1524, Cathérine 1526. Als eine Prüfung ergab, daß Bohier dem Schatzamt eine riesige Geldsumme schuldete, schlug sein Sohn und Erbe dem König einen Vergleich vor und überließ ihm neben anderen Gütern auch Chenonceau.

1547 bestieg Heinrich II. den Thron, und seine Mätresse Diana von Poitiers erbat sich von ihm dieses Schloß. Da er ihr nie etwas verweigerte, erfüllte er ihr auch diesen Wunsch. Diana ließ 1556–59 durch Philibert Delorme eine Brücke über den Cher entwerfen und beginnen, außerdem nordöstlich des Schlosses ein großes Parterre gestalten: Zier-, Obst- und Gemüsegarten zugleich. Der Erzbischof von Tours schickte Pfropfreiser von seinen kostbarsten Obstbäumen und besorgte Rosenstöcke, Lilienzwiebel und als besondere Raritäten Melonen und Artischokken. Hinzu kamen Weinreben, Maulbeerbäume für eine Seidenraupenzucht, Erdbeeren und Veilchen.

Diana genoß die Schönheit von Chenonceau in vollen Zügen. Man erzählt, sie sei bei aufgehender Sonne nackt in die Fluten des Cher gesprungen, um irgendwo wieder aufzutauchen und auf einem Schimmel davonzureiten.

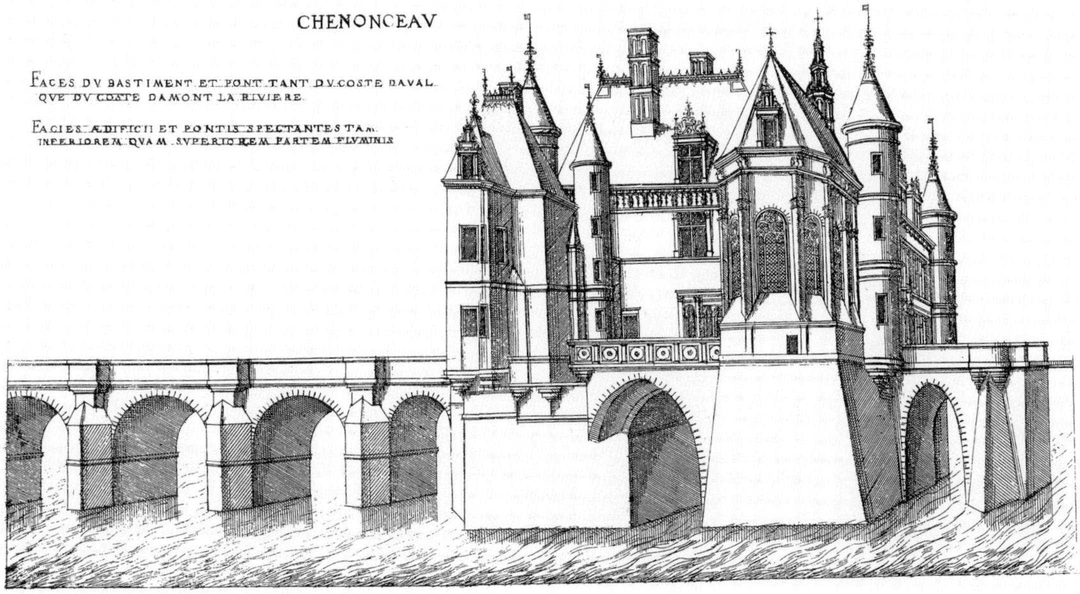

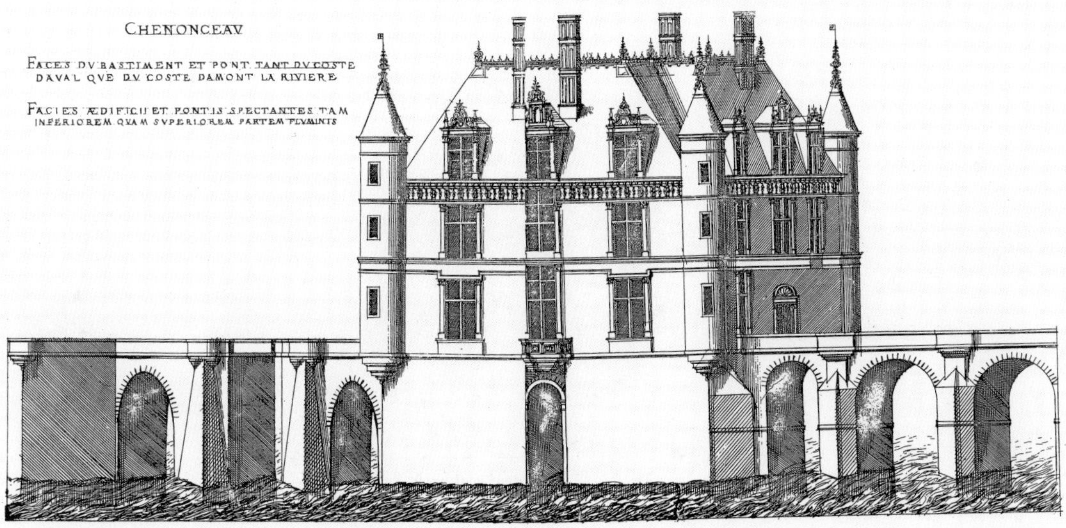

Ansichten des Schlosses
nach Du Cerceau, 1607

Der König gab ein Fest für den Herzog, seinen Bruder, für die Herren und Heerführer, die ihn bei der Belagerung und der Einnahme von La Charité begleitet hatten, bei dem die Damen in grüner Männerkleidung bedienten und alle Anwesenden in Grün erschienen waren. Zu diesem Zwecke wurde aus Paris und anderswoher für sechzigtausend Francs grüner Seidenstoff bezogen. Die Königinmutter (Katharina von Medici) gab dann ihr Bankett in Chenonceau, das sie, wie man sagt, mehr als hunderttausend Francs zu stehen kam, eine Ausgabe, die man durch eine Art Anleihe den reichsten Dienern des Königs aufbürdete, außerdem noch einzelnen Italienern, die es aber verstanden, sich den doppelten Betrag wiedererstatten zu lassen. Bei diesem schönen Essen wurden die schönsten und anständigsten Damen halbnackt und mit aufgelöstem Haar, wie es die verheirateten Frauen tragen, zur Bedienung ausersehen, zusammen mit den Töchtern der Königinnen, die in zweifarbigen Damast gekleidet waren.

Regierungsjournal Heinrichs III., 15. Mai 1577
(zit. nach Champigneulle, S. 196)

Unbekannter Künstler, Ball am Hofe Heinrichs III., um 1585.
Paris, Musée du Louvre

Damen und Kavaliere bilden in bunter Reihe einen Kreis. Sie haben sich bei den Händen gefaßt und vergnügen sich beim Branle, einem Gruppentanz, bei dem wiegende Schritte und kleine Sprünge charakteristisch sind. Unter den Zuschauern ist auch Katharina von Medici, die auf das Tanzgeschehen weist, ganz links im Bild der König (vgl. Abb. S. 13).

Mit dem Tode Heinrichs II. 1559 endete dieses Glück. Heinrichs Gemahlin Katharina von Medici zwang die verhaßte, nun schutzlose Nebenbuhlerin, Chenonceau gegen Chaumont einzutauschen. Wie Diana war auch Katharina von Chenonceau besessen, und sie plante in schrankenlosem Geltungsbedürfnis eine Erweiterung, die die Anlage zum gewaltigsten Bauwerk des Jahrhunderts in Frankreich hätte anwachsen lassen. Glücklicherweise kam es nicht dazu. Ausgeführt wurde um 1580 nur eine doppelgeschossige Galerie auf der Brücke der Diana: einer der Schauplätze der berühmten Feste, die Katharina in Chenonceau inszenieren ließ. Hier hielten Maskeraden, Tanzvergnügen, Banketts mit erotischen Pikanterien, Treibjagden, Feuerwerke und Seeschlachten auf dem Cher die Gäste für Tage in Atem.

Katharina von Medici vererbte Chenonceau der Gemahlin ihres Sohnes Heinrich III., Louise de Vaudémont. Nach der Ermordung des Königs 1589 machte diese das Schloß für den Rest ihres Lebens zu einem Trauerhaus, trug fortan nur noch die weiße Trauerkleidung der verwitweten Königin und ließ ihr Zimmer ganz in Schwarz gestalten.

Unter der Herrschaft Heinrichs IV. verlangte dessen Mätresse Gabrielle d'Estrées (um 1571–1599) Schloß Chenonceau mit der gleichen Begehrlichkeit für sich wie einst Diana von Poitiers. Alle Mittel bis hin zu juristischen Schikanen waren recht, um die trauernde Königinwitwe aus ihrem Refugium zu verdrängen, das durch Schulden aus der Zeit Katharinas belastet war. Die Gläubiger nutzte Gabrielle d'Estrées berechnend, um den Druck auf Louise zu verstärken. Man sicherte ihr Nießbrauch zu, wenn sie folgendem zustimmen würde: Der damals vierjährige Bastard Heinrichs IV. aus der Verbindung mit Gabrielle d'Estrées, César de Vendôme, sollte das Anwesen erben, wenn er mit einer Nichte Louises verheiratet würde. Als der König mit seiner Mätresse eines Tages in Chenonceau erschien, sah Louise »am Hals Madame d'Estrées' die Kronjuwelen wieder, die sie einst getragen hatte, und man kann sich vorstellen, daß die reizende Gabrielle, jung, schön und neuerlich vom König schwanger, mehr oder weniger absichtlich einige Herablassung in ihre Hofknickse legte, die sie vor diesem alten Gespenst von einer Königinwitwe machte«.[9] Zwar wurde das Erbschaftsabkommen bei einem zweiten Besuch konkretisiert, aber trotz aller Machenschaften gelang es nicht, Louise aus dem Schloß zu vertreiben, und Gabrielle d'Estrées blieb nur die Hoffnung, »daß die Königinwitwe sich eines Tages in eines ihrer Lieblingsklöster zurückziehen würde, und daß Gabrielle, nach ihrem Aufstieg von der Herzogin zur Königin, nicht mehr lange warten müßte, um es sich mit ihrem kleinen Sohn in Chenonceau bequem zu machen. Doch wie das Leben so spielt, starb die strahlende Herzogin nur einige Monate nach den zwei Besuchen in der Touraine an den Folgen einer schwierigen Schwangerschaft, und der nun quasi verwitwete König kam im darauffolgenden Jahr allein nach Chenonceau, um die Urkunde zu unterzeichnen, die dem Kind Vendôme den Besitz des so begehrten Gutes sicherte.«[10]

Man findet im Schloß das Porträt der anmutigen Madame Dupin, gemalt von Nattier. Sie und ihr Gemahl, der Generalpächter Claude Dupin, erwarben Chenonceau 1733, richteten es kostbar ein und bepflanzten die verwahrlosten Gärten neu.

9
Marguerite Yourcenar, Chenonceaux. Schloß der Frauen, München/Wien 1993, S. 56.

10
Ebenda, S. 59.

Madame Dupin liebte die Künste und Wissenschaften, und in ihrem Salon trafen sich die Gelehrten des Landes. Der namhafteste unter ihnen war Jean-Jacques Rousseau, den die Dupins als Hauslehrer ihrer Kinder verpflichtet hatten. »An diesem schönen Ort wurde auf das angenehmste gelebt, man aß recht gut, und ich wurde fett wie ein Mönch«, schrieb Rousseau in den ›Confessions‹.

Im 19. Jahrhundert war es Madame Pelouze, die dem Schloß seinen alten Glanz zu erhalten suchte und ihr Vermögen in eine historisierende Restaurierung steckte. Seit 1913 gehört Chenonceau der Familie Menier.

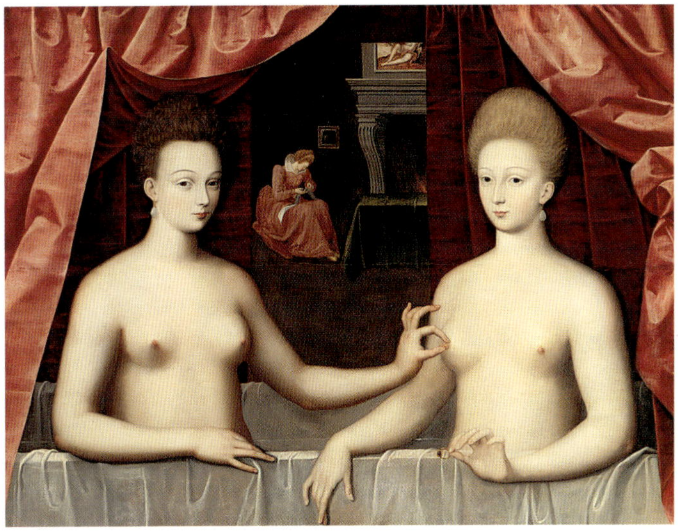

Unbekannter Künstler (Schule von Fontainebleau), Gabrielle d'Estrées und eine ihrer Schwestern, um 1595. Paris, Musée du Louvre

Man erreicht das Schloß vom Dorf aus über eine Platanenallee. Sphingen an deren Ende bewachen den Zugang zu den Gärten, die, zum Teil von Wassergräben umgrenzt, zwischen Park und Schloß liegen. Das größere von einer Terrasse umzogene Parterre an der Ostseite ist der Garten der Diana, das kleinere auf der Gegenseite der Garten der Katharina. Beide Anlagen sind im heutigen Zustand Neuschöpfungen des 19. Jahrhunderts. Giacomo Meyerbeer läßt den zweiten Akt seiner Oper ›Die Hugenotten‹ in den Gärten von Chenonceau spielen.

Der Weg zum Schloß führt über eine wasserumwehrte Terrasse, einst der Standplatz des alten Schlosses der Marques. Nur ein Brunnen mit verspieltem Aufsatz und der runde Donjon aus der Mitte des 15. Jahrhunderts blieben erhalten. Thomas Bohier ließ ihn modernisieren und den Eingang mit einer Renaissancerahmung schmücken.

Das Schloß ist durch seine Lage in der Landschaft und durch seinen Grundriß einzigartig unter den gleichzeitigen Renaissancebauten Frankreichs. Die Brücke über den Cher mit der doppelgeschossigen Galerie verunklärt als spätere Zutat die ursprüngliche Form des Bauwerks. Es ist – im Gegensatz zum Vorgängerbau der Marques – in den Fluß gebaut. Sicher spielten hierfür Verteidigungsabsichten keine Rolle. Vielmehr wollte Bohier von allen vier Seiten des Schlosses aus die Flußlandschaft genießen können. Deshalb erhielten alle Fassaden – ursprünglich auch die später von der Galeriebrücke verdeckte Südseite – Balkone und Terrassen. Die Erinnerung an Venedig dürfte ebenfalls eine Rolle spielen.

Das Schloß ist auf einem exakt quadratischen Grundriß errichtet. Vier Rundtürme auf Konsolen an den Ecken betonen den zweigeschossigen Baukörper; die Türme haben jedoch nichts Wehrhaftes, sie sind vielmehr Belvederes, deren Fenster einen schönen Ausblick bieten. Nord- und Westfront erscheinen samt den Lukarnen in der Dachzone streng symmetrisch. Ähnlich ist die ursprüngliche Südfront zu denken. Chenonceau ist eines der frühesten französischen Bauwerke, die nach den Regeln der italienischen Renaissance in ausgewogenen Maßverhältnissen gestaltet sind. Nur die Ostseite verrät noch den herkömmlichen, auf malerische Unregelmä-

Nächste Doppelseite: Vogelschauansicht mit dem Garten der Diana

ßigkeit bedachten Geschmack. Hier ragen aus der Front auf den vorspringenden Substruktionen der alten Mühle die Kapelle und ein zweigeschossiger pavillonartiger Vorbau heraus, beide mit polygonalen Schlüssen. Die Lukarnen und Schornsteine des Daches beleben die Strenge des Aufrisses, ohne die Klarheit seiner Gliederung zu überspielen.

Katharina von Medici empfand die Eingangsfront als zu wenig repräsentativ. Sie ließ deshalb die Zahl der Fenster verdoppeln und zwischen ihnen Hermenpilaster anordnen. Im 19. Jahrhundert hat man diesen Eingriff wieder rückgängig gemacht. Die Hermenpilaster stehen heute östlich der Zugangsallee im Park.

Das Innere wird in beiden Geschossen durch ein galerieartiges Vestibül in zwei Hälften geteilt, wobei die Breite des Vestibüls der halben Breite der angrenzenden Räume entspricht. Das Treppenhaus ist in der Art oberitalienischer Villen senkrecht in der Mitte des Vestibüls an der Westseite angeordnet.

Wie der Außenbau zeigt auch die Innenraumdisposition den neuerwachten Sinn für Regelmäßigkeit und menschliche Maßverhältnisse. Doch fehlt es auch hier nicht an traditionellen Architekturformen. So ist das Vestibül des Erdgeschosses mit einem eigenwillig in sich verzogenen Rippengewölbe überdeckt. Auf den größtenteils abgetretenen Fliesen des Schmuckfußbodens liest man die Devise Bohiers: *S'il vient à point me souviendra* (»Wenn es vollendet ist, wird es an mich erinnern«), ein unmißverständlicher Hinweis also, daß Bohier mit diesem Bauwerk seinen Nachruhm sichern wollte.

Jeweils zwei große Räume sind in beiden Geschossen beidseits vom Vestibül aus zugänglich. Den Gardensaal im Erdgeschoß links vom Vestibül schmückte einst ein italienischer (oder von Italien inspirierter) Majolikafußboden, der fast völlig abgetreten ist; nur noch am Rande des Raumes lassen einige unversehrte Platten ahnen, in welch ornamentalem Reichtum die Bewohner des 16. Jahrhunderts zu leben wünschten. Erhalten ist der ursprüngliche Kamin mit dem Wappen Thomas Bohiers.

Das anschließende sogenannte Zimmer der Diana von Poitiers hat einen Kamin des 16. Jahrhunderts von dem bedeutenden Bildhauer Jean Goujon mit einem Porträt der Katharina von Medici im Kaminaufsatz von Henri Sauvage (1901). Die beiden Nachbarräume im Anbau sind das Grüne Kabinett und die Bibliothek der Katharina von Medici. Das Kabinett hat noch seine grüngefaßte Balkendecke mit dem Monogramm Katharinas bewahrt und war einst mit grünem Velours bespannt. In der winzigen Bibliothek hat sich die bemerkenswert fein geschnitzte Holzdecke von 1521 in Kassettenform erhalten.

Die Treppe ins Obergeschoß besteht nach italienischen Vorbildern aus zwei geraden Läufen. Gewölbe mit kreuz- und kassettenförmigen Rippen überdecken sie. Die Loggia im Wendebereich der Stufen über einem Verbindungsgang zwischen den angrenzenden Zimmern gibt den Blick durch die Fenster auf den Fluß frei.

Die Küchen- und Wirtschaftsräume sind in den mächtigen Substruktionen der alten Mühle untergebracht, auf denen das Schloß errichtet ist. Durch diese geschickte Nutzung blieb aller Raum in den Geschossen des Neubaus zum Wohnen und Feiern erhalten. Auch gab es keine Belästigung durch Küchengerüche und die Geschäftigkeit des Dienstpersonals.

Nächste Doppelseite: Garten der Diana und Schloß

Untere Galerie

Galerien gehören zu jenen baulichen Einzelformen, in denen der neue Lebensstil der Renaissance zum Ausdruck kommt. Sie wurden zum Mittelpunkt des höfischen Lebens. »Hier versammelte sich die Gesellschaft zu einem glanzvollen Empfang oder saß an festlicher Tafel. Der Raum war dazu geschaffen, daß Kavaliere und Damen im Schreiten und Sitzen, im Wechsel von einem zum anderen, bei Gespräch und Musik die Eleganz der Gebärden, der Kleider und der Konversation entfalten konnten.«[11] Die doppelgeschossige Galerie der Katharina von Medici auf der Brücke der Diana von Poitiers bricht unvollendet ab, bevor sie nach sechzig Metern das andere Ufer des Cher erreicht. Ursprünglich sollte die Galerie in einem an den Schmalseiten abgerundeten Gebäude enden.

Die Galerieräume erscheinen heute nüchtern. Große Kamine an den Schmalwänden sind ihr wichtigster Schmuck. Die untere Galerie hat einen Boden aus weißen und schwarzen Fliesen und eine Holzbalkendecke, an der im 19. Jahrhundert ein Teil der Trauerdekoration aus der Zeit der Louise de Vaudémont angebracht wurde. Nischen in den Wänden lassen auf verlorene Skulpturen schließen. Halbrunde Vorbauten, die dem Äußeren plastische Akzente geben, sind innen intime Nischenräume, in die sich die Hofgesellschaft vom Festtreiben zu Plaudereien zurückziehen konnte. Den Reiz der Feste mitten über dem Fluß vermeint man noch heute zu spüren.

Als während der Französischen Revolution Chenonceau in Gefahr war, niedergerissen zu werden, bewahrte es der Dorfgeistliche und Freund der Madame Dupin vor diesem Schicksal, indem er argumentierte, das Schloß sei eine Brücke und gute Republikaner zerstörten keine Brücken.

Im Ersten Weltkrieg richtete der Schloßbesitzer Gaston Menier in der Galerie ein Lazarett ein. Im Zweiten Weltkrieg war sie zwei Jahre lang ein sicherer Fluchtweg: Der Eingang zum Schloß lag im Gebiet der deutschen Besatzung; die Galerie führte hinüber in die ›Freie Zone‹ Frankreichs jenseits des Cher.

11
Heinrich Lützeler, Nördliches Frankreich (Athenäum-Kunstreiseführer), Bonn 1957, S. 110.

Loches

Von einer reichen Geschichte geprägt, gehört Loches zu den Kleinstädten Frankreichs, die ihr historisch gewachsenes Bild am besten erhalten haben. Seine Gründung verdankt es der strategischen Gunst des felsigen Vorsprungs, auf dem sich das Kernstück der Stadt, die Festungsanlage, erstreckt. Mit Türmen und hohen Mauerwänden umschließt sie den gesamten Felsvorsprung. Im Südwesten der Festung erhebt sich – als Wahrzeichen von Loches – der Donjon. Am entgegengesetzten Ende ist über dem Steilabfall des Felsens das Logis du Roi, das königliche Schloß, errichtet. Dazwischen liegen die ehemalige Stiftskirche Saint-Ours und die mittelalterliche Cité. Die Festungsanlage ist eine Stadt über der eigentlichen Stadt am Fuße des Felsens. Tiefe Gräben, heute zu Gärten und Spazierwegen umgestaltet, umgaben einst die Befestigungsmauern.

Schon im 6. Jahrhundert stand auf dem Felsplateau eine Burg. Sie wurde 741 geschleift und durch eine andere ersetzt. Karl der Kahle schenkte sie 840 einem seiner Gefolgsleute, dessen Tochter den Grafen von Anjou heiratete. Unter Heinrich II. von Anjou fiel die Burg im 12. Jahrhundert an die englische Krone, war jahrelang zwischen England und Frankreich umkämpft, wurde schließlich 1205 durch Philipp II. August für Frankreich erobert und 1249 durch Ludwig den Heiligen endgültig an die französische Krone gebunden.

Der Donjon ist einer der ältesten und besterhaltenen in Frankreich. Vom Typ her normannisch, wurde er Ende des 11. Jahrhunderts vermutlich von Geoffroy Martel an der verwundbarsten Stelle der Cité errichtet. Das Turmmassiv, das im Falle der Belagerung den Bewohnern Schutz bot, ragt 37 Meter auf rechteckigem Grundriß auf und hat auffallend sparsam verteilte Öffnungen. An der nördlichen Langseite ist ein niedriger Tor- und Treppenbau vorgelegt. Er enthält den einzigen Zugang zum Hauptbau, eine innen an den Außenwänden entlanggeführte Steintreppe. Der Hauptbau hat über dem Erdgeschoß drei Wohngeschosse, noch gut erkennbar an drei Kaminen übereinander. In der Mauerstärke finden sich Gänge, die als Sackgassen enden – wohl, um eingedrungene Belagerer irrezuführen und ihnen den Rückweg abzusperren.

Vom 12. bis zum 15. Jahrhundert wurde der Donjon mit weiteren starken Befestigungswerken eingefaßt.

Gleichsam der Gegenpol zum Donjon ist das Logis du Roi, das neue Schloß an der Nordspitze der Festung, begonnen in der Mitte des 14. Jahrhunderts, um bequemere Wohnverhältnisse zu schaffen, als die Mauern des Donjon den königli-

Alte Festung mit dem Donjon

Neues Schloß, genannt Logis du Roi

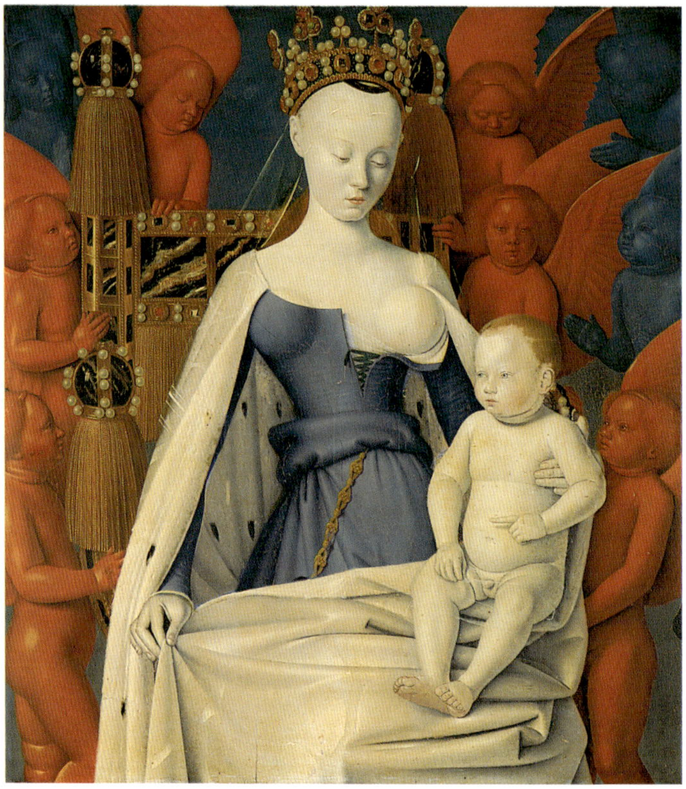

Jean Fouquet, Maria mit dem Kind, um 1450

Maria trägt nach einer Überlieferung die Züge Agnès Sorels.

chen Bewohnern bieten konnten. Das Schloß besteht aus zwei hintereinandergesetzten Flügeln. Der ältere, höhere Teil des 14. Jahrhunderts bewahrt noch ganz den Charakter einer Burg mit halbrunden Türmen und einem Wehrgang. Am jüngeren Flügel aus der Zeit Karls VIII. und Ludwigs XII. sind anstelle von Bauelementen aus der Verteidigungsarchitektur Zierformen der Spätgotik am Übergang zur Renaissance gewählt.

Ein dickes Mauerstück verbindet den älteren Flügel mit einem stattlichen Rundturm. Er heißt seit dem 16. Jahrhundert ›Turm der schönen Agnes‹ und erinnert an Agnès Sorel (1422–1450), die Geliebte Karls VII., eine verführerische Frau »mit einem runden festen Hals, den jedermann kennt«, wie ein Zeitgenosse bemerkte. Agnès Sorel, deren erotische Ausstrahlung nach einer Überlieferung in die Jean Fouquet zugeschriebene ›Muttergottes mit dem Kind‹ im Museum der Schönen Künste zu Antwerpen eingeflossen ist, wählte Loches zu ihrem Wohnsitz, und schon zu Lebzeiten machte sie reiche Schenkungen, um in der Stiftskirche bestattet zu werden. Nach ihrem Tode wandten sich die Geistlichen an den König, er möge seine Mätresse doch lieber im Schloß bestatten lassen und nicht wie eine Heilige in der Kirche. Der König stimmte unter der Bedingung zu, daß alle Schenkungen zurückgegeben würden. Da ließen die Stiftsherren ihre Bedenken fallen. Bis zur Französischen Revolution blieb das Grabmal Agnès Sorels in der Kirche, 1793 wurde es dort beschädigt und 1808 restauriert. Heute befindet es sich im sogenannten Saal Karls VIII. im Schloß.

Grabmal der Agnès Sorel im Neuen Schloß

Azay-le-Rideau

Azay-le-Rideau gilt vielen als das schönste Loire-Schloß der Renaissance, ja als Inbegriff eines solchen Bauwerks überhaupt. Honoré de Balzac hat es im Roman ›Die Lilie im Tal‹ vortrefflich charakterisiert als einen geschliffenen Diamanten, vom Indre eingefaßt, auf blumenverdeckten Pfählen errichtet.

Im 12. Jahrhundert gehörte die Herrschaft Ridel (Rideau) d'Azay, der dem Ort den Namen gab. Gegen 1518 ließ Gilles Berthelot, Schatzmeister von Frankreich und Bürgermeister von Tours, die stark verfallene Burg des Mittelalters abbrechen und den Bau des heutige Schlosses beginnen. Ähnlich wie Cathérine Briçonnet in Chenonceau kümmerte sich Berthelots Gemahlin, Philippe Lesbahy, hauptsächlich um die Bauarbeiten, denn ihren Gatten hielten die Staatsgeschäfte hiervon ab.

Berthelot sollte die Vollendung des Schlosses nicht erleben. Sein Verwandter Semblançay, der Oberintendant der königlichen Finanzen, dem Berthelot seine Stellung verdankte, wurde beschuldigt, öffentliche Gelder veruntreut zu haben, und gehängt. Berthelot hatte ebenfalls kein reines Gewissen, suchte das Weite und starb bald darauf. Franz I. beschlagnahmte 1528 das Schloß und belohnte damit Antoine Raffin für treue Dienste während des Italienfeldzuges. 1905 erwarb es der französische Staat.

Azay-le-Rideau begeistert durch seine Lage. Unvermittelt ragt es – auf Pfahlrosten gegründet – aus dem Indre hervor, von einem herrlichen Park und weiten Rasenflächen umgeben, die dicht ans Wasser heranreichen. Das Gebäude besteht aus einem Hauptflügel und einem rechtwinklig angesetzten kürzeren Nebenflügel. Vermutlich sollten zwei weitere Trakte die Anlage um einen Binnenhof schließen. Runde Ecktürme, die auf konsolenartigen Substruktionen wie schwebend wirken, geben mit ihren Kegeldächern den Baukörpern Akzente der Vornehmheit. Nicht verzichtet ist auf einen Wehrgang rund um die Außenfront. Daß er aber nur noch den Sinn eines Schmuckmotivs hat, lassen die reichverzierten Lukarnen erkennen, die aus ihm hervorkommen und die Fensterachsen der beiden Untergeschosse in die hohen Dachflächen hineinziehen. Anstelle eines niedrigen Turmmassivs an der kürzeren Hofseite, das wohl ein Rest der mittelalterlichen Burg war, steht seit 1845 ein Rundturm. Von 1856 stammt der hofseitige Eckturm des Hauptflügels. Beide Türme sind den älteren an den Gebäudeecken einfühlsam angeglichen.

Wenn Balzac vom geschliffenen Diamanten spricht, so meint er die klaren Proportionen, die vollkommene Harmonie zwischen den glatten, aus weißen Quader-

Dachzier mit Lukarnen

Nächste Doppelseite: Blick auf das Schloß von Südosten mit dem Indre

steinen gefügten Wandflächen und den aufgelegten plastischen Gliederungselementen: exakt geschnittene Gesimse, Lisenen und Pilaster. Den rhythmischen Gleichklang der Fassadengliederung unterbricht zum Hof hin das Doppelportal mit einem offenen zweiachsigen Aufbau, hinter dem sich das Treppenhaus verbirgt und dessen Giebel hoch in die Dachfläche ragt. Aus dem plastischen Zierat des Aufbaus stechen unter den Doppelfenstern unübersehbar der Salamander Franz' I. und der Hermelin der Claude de France, der Erbin der Bretagne, sowie ihre Initialen hervor. Doch täusche man sich nicht: »Azay war niemals königlicher Wohnsitz, sondern Wohnsitz eines Höflings, der Wert darauf legte, seinen Souveränen Ehrerbietung zu erweisen und ihnen zu schmeicheln. Eine Liebedienerei, die dennoch eine baldige Ungnade nicht hindern sollte.«[12]

Im Inneren haben nur das Treppenhaus und die Küche ihr ursprüngliches Aussehen bewahrt. Die übrigen Räume sind in historischem Sinne neu eingerichtet mit zum Teil kostbaren Möbeln, Gemälden und Wandteppichen des 16. und 17. Jahrhunderts.

12 Bernard Champigneulle, Loire-Schlösser, München [3]1971, S. 255.

Saché

Großer Salon

Das Landschloß Saché ist für alle, die den Dichter Honoré de Balzac (1799–1850) verehren, eine Wallfahrtsstätte. Hier, im Herzen seiner geliebten Touraine, verbrachte er eine lange Zeit seines Lebens. Im Roman ›Die Lilie im Tal‹, der in Saché entstand und dessen Handlung in der näheren Umgebung spielt, beschreibt Balzac das Schloß als einen schwermütigen Herrensitz. Das unregelmäßige Gebäude vom Ende des 16. Jahrhunderts, dessen Grundmauern ins Mittelalter zurückreichen, ist künstlerisch anspruchslos. Seinen Charme gewinnt es durch die Lage an einem sanft abfallenden Hang zwischen Wiesen, dem Dorf auf der einen Seite und einem herrlichen Wald mit Eichen gegenüber, den Balzac bewunderte.

Die Geschichte der Beziehung Balzacs zu Saché könnte einem seiner Romane entstammen. Besitzer war zu Anfang des 19. Jahrhunderts Jean de Margonne. Er war der Geliebte von Balzacs Mutter Laure Sallambier, einer bezaubernden Pariserin, 32 Jahre jünger als der Vater Balzacs. Der Verbindung mit Jean de Margonne verdankte Laure wahrscheinlich ihren jüngsten Sohn Henry, um dessentwillen der acht Jahre ältere Honoré viel zu leiden hatte, denn die Mutter schenkte Henry ihre ganze Gunst. Dafür aber nahm sich Jean de Margonne des vernachlässigten

Honoré an und gewährte ihm Gastfreundschaft auf seinem Landgut. Schon als Knabe kam Balzac gelegentlich nach Saché, regelmäßig in seiner fruchtbarsten Schaffensperiode von 1830 an, nachdem er einer der beliebtesten Schriftsteller Frankreichs geworden war. In Paris von Verlegern und Gläubigern ständig bedrängt, fand er in Saché die nötige Ruhe und Abgeschiedenheit für seine Arbeit.

Das Schloß – heute Balzac-Museum – hat seinen Charakter so bewahrt, wie es der Dichter gekannt hat. Eine gerade Treppe im Inneren führt zu den Wohngemächern der Familie de Margonne. Man wirft einen Blick in das Speisezimmer und vor allem in den großen Salon mit einer original erhaltenen gemalten Vorhangtapete. Manchmal ließ sich Balzac in diesem Raum dazu bewegen, den Gästen des Hausherrn vorzutragen, was er gerade zu Papier gebracht hatte.

Balzacs bescheidenes Arbeits-, Wohn- und Schlafzimmer, seine »Mönchsklause«, wie er es nannte, liegt im Obergeschoß mit Blick auf den Eichenwald. 1970 brachten Restaurierungsarbeiten Teile der Tapete aus der Zeit um 1820 zutage: hellgelber Grund mit feinem Punktmuster und zwei Friesen aus Lorbeerblättern. Man entschloß sich, die Tapete zu rekonstruieren, so daß der Raum wieder genau so erscheint wie zur Zeit, als Balzac ihn bewohnte. Auch sein Bett mit der Alkovennische, sein rustikaler Schreibtisch und seine Schreibutensilien sind noch vorhanden.

Um fünf Uhr morgens begann Balzac zu arbeiten, bald im Bett, bald am Schreibtisch, stets bei abgedunkeltem Fenster und Lampenlicht. Er schrieb bis zum späten Nachmittag und nahm nur etwas Brot und Kaffee zu sich, den er sich auf einer Spiritusflamme kochte. Viele seiner Hauptwerke entstanden hier in rauschhafter Eile. »Die Tage sind nicht lang genug für mich«, sagte er. Oder: »Nicht Inspiration noch Mut fehlen mir, sondern Zeit.«

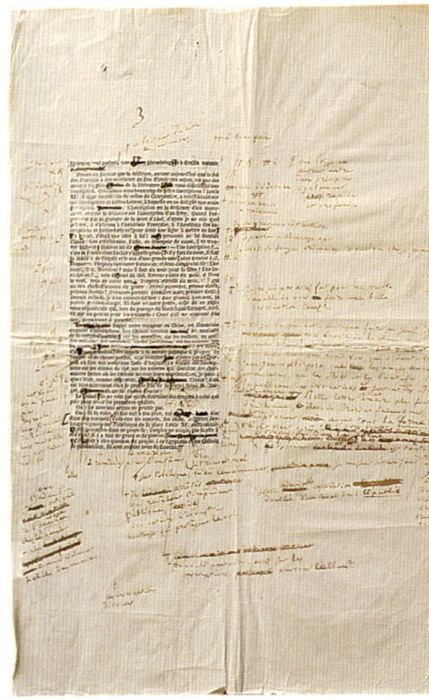

Druckbogen mit Korrekturen von der Hand Balzacs

Die übrigen Räume des Obergeschosses sind museal eingerichtet. Man findet Karikaturen über Balzac und über zeitgenössische Schriftsteller, außerdem Erinnerungen an seinen Aufenthalt in Rußland bei der Gräfin von Hanska, mit der er einen heute berühmten Briefwechsel führte und die er kurz vor seinem Tode heiratete. Unter den Darstellungen Balzacs ist eine der zahlreichen Studien Auguste Rodins für sein Denkmal des Dichters hervorzuheben. Als der Bildhauer mit den Vorbereitungen hierfür begann, war Honoré de Balzac schon vierzig Jahre tot. So nahm Rodin als Modell einen fettleibigen Fuhrmann aus Azay-le-Rideau, der dem Dichter ähnlich sah.

Manuskripte und Andrucke geben Einblick in die Arbeitsweise Balzacs. Man kann es den Schriftsetzern nachfühlen, wenn sie sich weigerten, länger als zwei Stunden an seinen Texten zu arbeiten: Die Korrekturen der Druckfahnen, die er ihnen zurückschickte, gleichen einem Schlachtfeld.

Der Blick aus dem Fenster des Hauptraumes hinunter ins Tal gehört zu den schönsten Eindrücken von Saché. Linkerhand liegt die kleine Dorfkirche mit dem Friedhof, auf dem die junge Comtesse im Roman ›Die Lilie im Tal‹ nach einem Leben der Entsagung ihre letzte Ruhe findet.

Außenansicht des Schlosses (links), Arbeitszimmer Honoré de Balzacs

Dann sah ich in einem Talgrund den massiven Bau des romantischen Schlosses von Saché, ein schwermütiges Stück Erde, vollkommen in seiner Traurigkeit, zu ernst für den oberflächlichen Beschauer und nur dem Dichter teuer, dessen Herz krank ist. Wie lernte ich später seinen Frieden lieben, die großen kahlen Bäume und das geheimnisvolle Etwas, das in seinem Tale wob. Aber jedesmal, wenn ich wieder auf dem Abhang des benachbarten Hügels das anmutige kleine Schloß erblickte, das meine Augen gleich angezogen hatte, verweilten dort meine Gedanken und waren voll Liebe.

Aus: Honoré de Balzac,
Die Lilie im Tal, 1836

Langeais

Wachsfiguren in der Salle de Mariage, die die Hochzeit Karls VIII. mit Anne de Bretagne nachstellen

Die kleine Stadt Langeais auf dem rechten Ufer der Loire bestand schon im 5. Jahrhundert unter dem Namen *Alangavia*. Gegen Ende des 10. Jahrhunderts baute Fulko Nerra, Graf von Anjou, hier eine Festung. Von dieser Anlage sind die Reste des Donjons erhalten. Er gilt als der älteste aller noch bestehenden Wehrbauten seiner Art und als einer der ersten, die in Stein errichtet wurden. Während des Hundertjährigen Krieges fiel die Burg den Engländern in die Hände. Sie gaben sie 1428 für ein Lösegeld unter der Bedingung frei, daß sie bis auf den Donjon geschleift würde.

Das neue Schloß unterhalb der Feste des Fulko Nerra erbaute von 1465 an der Schatzmeister und Geheime Rat Ludwigs XI., Jean Bourré, auf Befehl des Königs zum Schutz der Krondomäne. Bis 1631 blieb es im Besitz der Krone. Dem jeweiligen Schloßherrn war es vom König nur zur Nutznießung übertragen. Zuletzt erwarb es 1886 Jacques Siegfried, der eine originalgetreue Wiederherstellung anstrebte und seine Zeit damit verbrachte, das Innere im Sinne des 15. und 16. Jahrhunderts wiederzubeleben. 1904 vermachte er das Schloß samt Einrichtung und Kunstschätzen dem ›Institut de France‹.

Zu den glanzvollsten Ereignissen von Langeais gehört die Hochzeit Karls VIII. mit Anne de Bretagne 1491. Man könnte diese Heirat als eine Episode unter vielen nehmen, hätte sie die Geschichte Frankreichs, ja Europas nicht so nachhaltig beeinflußt. Dadurch wurde die Vereinigung der Bretagne mit Frankreich besiegelt und verhindert, daß diese an das Haus Habsburg fiel.

Hier eine Zusammenfassung der hauptsächlichsten Gegenstände: die Herzogin hatte in ihrem Reisewagen zwei Feldbetten. Das eine, bescheidene, war aus schwarz-weißem und violettem Damast gemacht, von dem einundfünfzig Ellen für die Vorhänge und den Betthimmel und neunzehn und eine halbe Elle für die Draperie verbraucht wurden; mehr als zwölf Ellen roten Tafts kamen dazu, um den Himmel zu füttern. Das andere, noch reichere Bett bestand aus einem Himmel, Vorhängen und Bettvorhängen in dunkelrotem Goldbrokat, der Kranz des Himmels und die Draperie aus violettem Goldbrokat waren mit einer schweren schwarzen Seidenfranse eingefaßt. Dies alles war mit rotem Taft gefüttert. Die Geschirre der Zelter und die innere Ausstattung der Wagen verschlangen zwölfeinhalb Ellen schwarzen und drei Ellen dunkelroten Samtes.

Anne de Bretagne trug auf dieser Reise einen gefütterten Unterrock aus schwarzem Satin, bei dem sechseinhalb Ellen schwarzen Samtes für den unteren Saum benötigt wurden ... Die über diesen Unterrock anzuziehende Kleidung bestand aus schwarzem, mit feinem Zobel gefüttertem Samt, neun Ellen Samt und hundertneununddreißig Zobelpelze wurden dazu gebraucht.

Was aber alles übertraf, war das Hochzeitskleid selbst, aus Goldbrokat voll erhaben gearbeiteter Applikationen, wodurch dieser Stoff den Namen ›drap-d'or-trait-enlevé‹ erhielt. Man hatte diese Robe zuerst mit feinen schwarzen Lammfellen aus der Lombardei gefüttert. Weil dieses Futter aber als nicht genügend aufwendig angesehen wurde, ersetzte man es durch eintausendeinhundertsechzig Zobelfelle.

Aus: Le Roux de Lincy, Vie de la reine Anne de Bretagne, Paris 1860 (zit. nach der Übersetzung bei Champigneulle, S. 246 f.)

Innenraum des Schlosses mit Kamin und Gobelins

Linke Seite: Außenansicht eines der Eingangstürme (Ausschnitt)

Der Donjon des Fulko Nerra, erst 1841 an zwei Seiten niedergelegt, und das königliche Schloß verkörpern Beginn und Ende des Mittelalters. Selten trifft man auf ein Loire-Schloß mitten in der Stadt. Drei mächtige Rundtürme mit charakteristisch zurückspringenden Obergeschossen und Kegeldächern geben der Außenfront des Hauptflügels Plastizität. Zwei enggestellte Türme, darunter der besonders dicke Eckturm der Nordseite, der neue Donjon, rahmen den Eingang ein, vor dem Monsieur Siegfried die Zugbrücke wiederherstellen ließ. Der Teil zwischen den weitgestellten Türmen war Wohntrakt, ein zweiter schließt sich stumpfwinklig an. Die gesamte Außenfront umzieht ein Wehrgang. Der Wassergraben um das Gebäude ist heute trockengelegt. Die Hofseite wirkt durch polygonale Treppentürme und schlanke Lukarnen über den Fensterachsen weniger streng und wehrhaft als die Außenfront. Trotz der Unregelmäßigkeiten im Grund- und Aufriß erscheint das Gebäude dank der kurzen Bauzeit wie aus einem Guß. Von einschneidenden Veränderungen in späteren Zeiten blieb es verschont.

Der größte Teil der Möbel – üppig verzierte Schränke,Truhen, Sitzbänke und dergleichen – ist original, vieles italienischer Herkunft. Doch scheute der Sammler nicht vor Kopien zurück, um die Einrichtung so vollständig und zeitgemäß wie eben möglich zu präsentieren. Die künstlerisch kostbarsten Stücke sind neben Gemälden und Skulpturen die Wandbehänge aus dem 15. und 16. Jahrhundert, mehr als dreißig. Zur wandfesten Ausstattung gehören insbesondere Kamine.

Villandry

Den Zauber der Renaissancegärten bei den Schlössern der Loire kennen wir hauptsächlich aus den Stichen Jacques Androuet Du Cerceaus. Keine dieser Anlagen – den Zeitgenossen ein Abbild des irdischen Paradieses – ist erhalten geblieben. Um so bedeutsamer das einzige nachgeschaffene Beispiel in Frankreich: Villandry.

1532 kaufte der Rat und Staatssekretär Franz' I., Jean Le Breton, den Besitz. Er ließ die Anlage des Mittelalters bis auf einen Eckturm niederreißen und auf den Fundamenten des alten Schlosses ein neues errichten – eines der letzten im Renaissancestil an der Loire.

Bis ins 18. Jahrhundert blieb das Anwesen in den Händen der Bretons. Die Nachbesitzer nahmen Veränderungen am Bau und an seiner Umgebung vor. Einem kunstbegeisterten Privatmann, dem spanischen Arzt Dr. Joachim Carvallo, ist die Wiederherstellung im Sinne des 16. Jahrhunderts zu verdanken. Er kaufte Villandry 1906 einem Apotheker ab, beseitigte von den Fassaden Zutaten des Barock, rekon-

Gemüsegarten mit Frühjahrs- und Sommerbepflanzung

struierte ihren ursprünglichen Zustand und ließ die Bäume eines Landschaftsgartens fällen, um – durch Du Cerceau angeregt – Renaissancegärten anzulegen. Carvallo dachte aber nicht daran, in seinen Gärten ausschließlich Formen Du Cerceaus zu kopieren, sondern er ließ in der Neuschöpfung auch Elemente der französischen Gartenkunst des 17. Jahrhunderts und der Gärten seiner spanischen Heimat einfließen. So entstand eine historisierende Gesamtanlage, die heute den Charakter eines Gartendenkmals eigener Prägung besitzt.

Auf drei Geländeebenen liegen drei verschiedene Parterres. Treppen und Rampen verbinden sie. Auf der mittleren Ebene breiten sich – im rechten Winkel angeordnet und durch einen Wassergraben getrennt – die Ziergärten aus mit ihren geometrisch exakt geschnittenen Ornamentbeeten aus Buchsbaum und Eiben, durch Blumen farbig ausgefüllt und mit Brunnen belebt. Den Mustern liegen spanisch-maurische Vorbilder zugrunde. Der phantasievollste Teil des Ziergartens erstreckt sich entlang der Aussichtsterrassen am Hang der Ostseite. Die vier gemusterten Beete nächst dem Schloß bedeuten die vier Charaktere der Liebe: Die zärtliche Liebe veranschaulichen Herzen, Masken und Flammen; die tragische Liebe

Ziergarten mit Beeten, die die vier Charaktere der Liebe darstellen (Abb. 1)

Schwerter und Dolchklingen; die leidenschaftliche Liebe ist durch ein Labyrinth deformierter Herzen dargestellt; schließlich die flüchtige Liebe, symbolisiert durch Fächer, Hörner und Liebesbriefe. Auch die Farben der Blumen sind nicht ohne symbolischen Sinn gewählt: So gehören Rosa zur zärtlichen Liebe, Rot zur tragischen, gemischte Farben zur leidenschaftlichen und Gelb zur flüchtigen Liebe. Den Abschluß dieses Parterres zur anderen Seite hin bildet ein Feld mit drei unterschiedlich geformten Kreuzen: Malteserkreuz, Kreuz des Languedoc und Kreuz des Baskenlandes. Figurenfelder ähnlicher Gestaltung kennt auch Du Cerceau.

Rechtwinklig schließen sich die drei Kompartimente des ›Gartens der Musik‹ an. Aus Buchsbaum sind hier Noten, Instrumente und Partituren geformt. Mit dem Laub der immergrünen Pflanzen kontrastieren im Inneren der Beete die Farben von Iris, Santolina, Rosmarin, Lavendel und Astern.

Auf der gleichen Gartenebene folgt an der Westseite der Heilkräutergarten mit 32 Arten von Würz- und Heilpflanzen, verteilt auf drei Kreisbeete.

Auf der obersten Ebene liegt – im Barockstil gestaltet – der Wassergarten mit einem Bassin in der Mitte, flankiert von Rasenparterres mit Springbrunnen und umgeben von Lindenalleen. Das Bassin speist den Gartengraben, der in den Schloßgraben übergeht. Westlich des Wassergartens erstreckt sich die ›Eselswiese‹; angrenzend ein Labyrinth. Oberhalb des Wassergartens ist nach Du Cerceaus Vorbild ein Obstgarten mit liniear geordneten Bäumen angepflanzt.

Montsoreau

Montsoreau ist ein strategisch interessantes Schloß, errichtet, um die Straße von Chinon nach Saumur und die Loire zu beherrschen. Nach der Französischen Revolution wurde es unter mehrere Besitzer aufgeteilt und im Inneren verbaut. Es verfiel im Laufe des 19. Jahrhunderts. Schließlich kaufte es der französische Staat und ließ es geschickt restaurieren. Nicht wenig hat der Roman ›La Dame de Montsoreau‹ von Alexandre Dumas dazu beigetragen, daß dieses Bauwerk trotz seines ruinösen Zustandes bekannt blieb.

Ansicht des Schlosses von Gaignières, 1699

Die Herren von Montsoreau sind bis ins 11. Jahrhundert zurückzuverfolgen. An der Stelle eines älteren Bauwerks errichtete Jean de Chambes, als Vertrauter Karls VII. reich belohnt für seine Mühen im Dienst des Königs, um die Mitte des 15. Jahrhunderts das heutige Schloß. Seit 1820 führt zwischen Flußufer und Gebäude die Nationalstraße 147 vorbei. Ursprünglich brandete die Loire unmittelbar an die Schloßmauern, und ein mit ihr verbundener künstlicher Wassergraben umzog den Schloßhof. Bevor es die Uferstraße gab, verlief der Durchgangsverkehr – leicht kontrollierbar – über die große Straße des befestigten, hangwärts gelegenen Dorfes.

Das Schloß besteht aus einem zweigeschossigen Hauptflügel auf hohem Sockel, seitlich von Pavillontürmen flankiert. Das Äußere gibt den Anschein, als sei es ganz auf Verteidigung angelegt, obgleich zur Bauzeit ein im mittelalterlichen Sinne befestigtes Schloß kaum mehr Bedeutung hatte. Wie sehr es dem Bauherrn auch um Repräsentation ging, zeigt die aufwendige Gestaltung der Dachzone des Hauptflügels. Aus dem Wehrgang wachsen doppelgeschossige Lukarnen mit gotischem Zierat heraus und überspielen den Festungscharakter des Bauwerks. Die Pavillontürme trugen bis ins 19. Jahrhundert hohe abgewalmte Helme, die das Dach des Mittelbaus überragten. Zum Hof hin setzen an die Pavillontürme kurze Nebenflügel an. Die Ecken sind mit polygonalen Treppentürmen ausgestellt. Der Ostflügel ist verbunden mit einem halbrunden, jetzt ebenfalls helmlosen Turm, der vielleicht von einer älteren Anlage übernommen wurde. Der östliche Treppenturm, um 1520 entstanden, prunkt mit einer Tür- und Fensterachse in reichstem Renaissancedekor.

Im Inneren haben sich Säle mit ursprünglichen Balkendecken und Kaminen erhalten. Seit 1957 ist hier das *Musée des Goums marocains* zur Erinnerung an die Eroberung Marokkos und an die marokkanischen Reitertruppen, die *Goums,* eingerichtet.

Vom Wehrgang aus genießt man den grandiosen Blick auf den Fluß bis hin zur Silhouette von Saumur. Aus der Höhe wird der ursprüngliche Zusammenhang zwischen Schloß und Dorf anschaulich. Rund um das Bauwerk erkennt man den ausgetrockneten Wassergraben, der aus dem Felsen gehauen wurde.

Montreuil-Bellay

Das Schloß von Montreuil-Bellay ist ein malerisches Ensemble von Bauwerken innerhalb eines mächtigen Mauergürtels hoch über dem Tal des Thouet. Die unregelmäßige Ummauerung mit ihren vorspringenden Rundtürmen geht ins 13. Jahrhundert zurück, als das Schloß den Grafen von Melun gehörte. Insgesamt umfaßt es heute vier verschiedene Gebäudekomplexe: das Alte Schloß, das Kleine Schloß und das Neue Schloß; dazu kommt ein Küchenbau.

Das Alte Schloß aus dem 13. Jahrhundert, umgestaltet im 14. Jahrhundert, ist nichts anderes als ein stark befestigter Eingangsbau im Zusammenhang mit dem Mauerring, der von der Stadt aus in den inneren Schloßbezirk führt. Mächtige Rundtürme flankieren das enge Portal, das ursprünglich durch eine Zugbrücke gesichert war.

1415 gelangte das Schloß an die Familie d'Harcourt. Ende des Jahrhunderts gab Guillaume d'Harcourt der Anlage ihr heutiges Gepräge, vor allem durch den Bau des Neuen Schlosses (ca. 1483–1505), das mit seiner wuchtigen hochaufgeschossenen Gestalt das Flußtal beherrscht. Glatte Rundtürme an den Ecken betonen die Wehrhaftigkeit des Bauwerks zur Landseite hin, während zur Hofseite hin ein polygonaler Treppenturm mit den Formen der Spätgotik am Übergang zur Renaissance den Repräsentationsanspruch des Bauherrn dokumentiert.

Im Inneren sind einige Räume mit Kaminen und Balkendecken erhalten. Künstlerisch vor allem beachtenswert ist die zweijochige elegant gewölbte Kapelle mit einer allerdings arg beschädigten Ausmalung.

An die Kapelle schließt sich das wohl gleichzeitig mit dem Neuen Schloß errichtete Kleine Schloß an, das aus zwei im Winkel angeordneten Flügeln mit eigenartiger Raumdisposition besteht. Vier voneinander unabhängige Wohnungen werden jeweils durch einen runden Treppenturm erschlossen. Man vermutet, daß hier vier Kanoniker der benachbarten Kollegiatskirche wohnten, die das Archiv des Schloßherrn zu verwalten hatten.

Ins späte 15. Jahrhundert gehört auch die Küche. Auf quadratischem Grundriß ist sie neben dem Kleinen Schloß an die Ringmauer angebaut. An jeder Seitenwand sind Kamine angeordnet. Über der Mitte steigt auf vier Rundstützen eine imposante Pyramide mit Schornstein hoch, die Rauch und Küchendünste aufzufangen hatte. Ein breites Fenster an der Vorderfront diente wohl dazu, Vorräte hereinzuschaffen.

Vorhergehende Doppelseite: überflutete Loire-Landschaft zwischen Saumur und Angers

Blick in die Schloßküche (oben)
Schloßkapelle mit Wandmalereien (rechts)

Saumur

Das Schloß krönt auf felsigem Hügel den Stadtprospekt wie ein Kastell. In der Geschichte der Stadt war es stets ein Brennpunkt. Schloß Saumur ist auf besondere Weise berühmt: Im ›Kostbarsten Stundenbuch des Herzogs von Berry‹ (um 1410) stellen es die Brüder Limburg in seiner einstigen Prachtfülle als Hintergrundarchitektur des Monatsbildes ›September‹ dar. In dieser Form ist es eine Neuschöpfung des Herzogs Ludwig I. von Anjou, der die Domäne 1356 von seinem Vater Johann dem Guten geerbt hatte. Ludwig war bestrebt, sich eine Residenz zu schaffen, die an Luxus mit den Bauten seiner Brüder, König Karls V. und des Herzogs von Berry, wetteifern konnte. Von einer älteren Anlage übernahm Ludwig die starken Unterbauten und errichtete darauf um 1370 vier mit Ecktürmen bewehrte Flügel um einen Binnenhof. Über älteren Rundsockeln erhielten die Türme eine polygonale Form mit Ecklisenen. Das Schloß war ganz auf Verteidigung angelegt, tat zugleich aber nach außen hin die glänzende Hofhaltung des Schloßherrn kund. Geradezu verschwenderisch wurde die Dachzone oberhalb der Wehrgänge gestaltet. Lukarnen, Schornsteine, krabbenverzierte Giebel, eine Fülle von Lilien aus dem Wappen des Herzogs und vergoldete Wetterfahnen, deren Glanz bei Sonnenschein König René von Anjou, ein Nachfolger Ludwigs, so betörend fand, ergaben einen verwirrenden Anblick. Die Brüder Limburg hielten ihn mit kaum zu übertreffender Sorgfalt fest.

Es ist reizvoll, den Standplatz aufzusuchen, von dem aus die Miniatur skizziert wurde. Zwar fehlt heute die reiche Dachzier des Schlosses, aber dennoch sind genügend Details erhalten, die sich in der Miniatur wiederfinden. Nicht mehr vorhanden ist der Torbau, den die Brüder Limburg darstellen; ebenso gibt es nicht mehr den Küchenbau links davon mit seinen Schornsteinen und seiner zentralen Pyramide als Rauchabzug. Das abschüssige Gelände, wo die köstliche, später erst hinzugefügte Szene der Weinlese spielt, ist heute Gartenland.

Als um 1600 der Stadtgouverneur Duplessis-Mornay hier residierte, ließ er mächtige Festungsmauern und Basteien errichten. Nach der Absetzung des Gouverneurs 1621 begann der Zerfall des Schlosses. Der Nordwestflügel stürzte ein und wurde nicht wieder aufgebaut. Napoleon befahl 1810 die Einrichtung eines Staatsgefängnisses, nachdem das Schloß bereits im 17. und 18. Jahrhundert als Kerker gedient hatte. Von 1830 bis 1890 wurde es als Waffenarsenal und Kaserne genutzt. 1906 erwarb die Stadt Saumur das Bauwerk und restaurierte es zu Museumszwecken.

Rechte Seite: das Schloß in einer Miniatur aus dem ›Kostbarsten Stundenbuch‹ des Herzogs von Berry von den Brüdern Limburg, 1410; die Szene der Weinlese von Jean Colombe, um 1480. Chantilly, Musée Condé

Nächste Doppelseite: Blick auf Schloß Saumur und die Loire

Brissac

Trotz seiner Schönheit im Detail vermag Schloß Brissac nicht auf den ersten Blick zu begeistern. Seine übermäßig in die Höhe gezogenen Proportionen sind ungewöhnlich für ein Loire-Schloß, und die wie zufällig wirkende Ansammlung von Gebäudeteilen verwirrt. Vortrefflich knapp formulierte der zwölfte Herzog von Brissac, Pierre de Cossé, man stehe vor einem »halbverwirklichten neuen Schloß in einem halbzerstörten alten Schloß«.

Die Hauptfront flankieren zwei mächtige Rundtürme des 15. Jahrhunderts mit zurückspringenden Obergeschossen wie an den Schlössern von Langeais, Ussé oder Le Plessis-Bourré. Diese Türme stammen von einem Schloß, das Pierre de Brézé, Minister Karls VII. und Ludwigs XI., errichtete. 1502 war die Familie gezwungen, Brissac an den Kammerherrn Karls VIII., René de Cossé, zu verkaufen. Seine Nachkommen besitzen es noch heute. Während der Religionskriege hatte das alte Schloß der Brézés stark gelitten, so daß sich Charles II. de Cossé, Marschall von Frankreich und erster Herzog von Brissac, 1606 zu einem Neubau entschloß. Aber nur die Hälfte einer großzügig geplanten Anlage wurde verwirklicht, denn der Bauherr starb schon 1621. Sein Sohn und Nachfolger Louis de Cossé dachte nicht daran, die Arbeiten im Sinne des Vaters weiterzuführen. So, wie die Bauleute 1621 das Schloß verließen, steht es noch heute.

Léon Cogniet, Madame Clicquot und ihre Urenkelin Anne de Mortemart, 1859

Fertiggestellt wurde der schlanke fünfgeschossige Eingangspavillon, der die Mitte des Hauptflügels bilden sollte. Zu diesem Zweck wurde er in den nördlichen Rundturm hineingebaut, der so während der Bauarbeiten am neuen Schloß noch bewohnbar blieb, später aber dem geplanten nördlichen Flügel hätte weichen sollen. Jedoch wurde nur der südliche Flügel der Hauptfront vollendet, und auch er zwängt sich in den Südturm hinein, der wohl ebenfalls niedergelegt worden wäre. Aller Reichtum der Bauplastik ist auf den dreiachsigen Eingangspavillon konzentriert, hinter dem sich das Treppenhaus verbirgt. Vor der Französischen Revolution wirkte er noch schlanker als heute dank eines Glockenturms als Bekrönung und einer Bronzestatue des Merkur obenauf, beides in der Revolution zerstört. Zwei in gleichem Sinne gestaltete Trakte, die zur Bauperiode unter Charles II. de Cossé gehören, umschließen mit dem Hauptflügel einen engen Innenhof. Den langgestreckten Nordflügel, der in einem sechsgeschossigen Pavillon endet, fügte Louis de Cossé nach 1621 an und nahm dem Bau so vollends das architektonische Gleichgewicht.

Unter den vielen Kostbarkeiten und Kuriositäten des Inneren befindet sich, 1859 von Léon Gogniet gemalt, das amüsante Ganzfigurenporträt der matronenhaft thronenden Witwe Clicquot, der geschäftstüchtigen und gewandten Champagner-Königin – wohlbekannt durch Wilhelm Buschs Vers in der ›Frommen Helene‹ (»Wie lieb und luftig perlt die Blase / Der Witwe Klicko in dem Glase«). Zu Füßen der Madame Clicquot ruht ihre Urenkelin und einzige Nachfahrin, Anne de Mortemart, die spätere Herzogin von Uzès und Großmutter des zwölften Herzogs von Brissac. Sie starb 86jährig, als sie zu Pferde auf der Parforcejagd einem Hirsch nachsprengte.

Innenräume des Schlosses
mit prunkvoll verzierten Balkendecken

Nächste Doppelseite:
Blick vom Schloß auf die Flußlandschaft

Le Plessis-Bourré

Von einem breitflächigen Grabenviereck umgeben, auf rechteckigem Grundriß vierflügelig mit runden Ecktürmen errichtet, bietet Le Plessis-Bourré das vollendete Beispiel einer feudalen Wohnstätte des späten Mittelalters, leicht zu verteidigen, aber auch angenehm zu bewohnen.

Der Geheime Rat und Schatzmeister Ludwigs XI., Jean Bourré, war der Bauherr. 1462 erwarb er die Domäne Plessis-le-Vent, der er fortan seinen Namen gab. Unter Karl VIII. und Ludwig XII. bekleidete Bourré bis zu seinem Tode 1506 das Amt eines Sekretärs der Finanzen. Er verstand sich aufs Bauen. Im Auftrag Ludwigs XI. errichtete er Schloß Langeais. Während die Arbeiten dort noch im Gange waren, begann er 1468 mit seinem eigenen Wohnsitz, den er dank seines Vermögens zügig voranbringen und schon 1473 beziehen konnte. Die Einheitlichkeit der Konzeption ist durch die Kürze der Bauzeit zu erklären. Bourré sah bei aller Eile darauf, daß nur die besten Materialien verwendet wurden. Der stärkste der Türme, der Donjon, erhielt mit seinem Wehrgang und dem obersten zurückspringenden Geschoß die Form der Türme von Langeais.

Vom Wirtschaftshof aus der Barockzeit führt eine Steinbrücke über den Wassergraben auf den durch Zugbrücke und Pechnasen gesicherten Eingangsbau des Schlosses zu. Sein Hauptflügel gegenüber dem Eingangsportal ist hervorgehoben durch seine Dreigeschossigkeit, durch Lukarnen und polygonale Treppentürme als Eckakzente. Die übrigen drei Flügel, ausgenommen der Torbau und die angrenzende Kapelle, sind niedriger gehalten, damit sie dem Hauptflügel kein Licht wegnehmen. Mit mittelalterlichem Festungsdenken hat dies nichts mehr zu tun, obgleich auch für die Verteidigung vorgesorgt ist: Rings um die Flügel und die Türme verläuft außen eine Terrasse, um Kanonen aufzustellen und Angreifer abzuwehren, bevor sie über den Graben setzen konnten.

Wichtigster Raum des Schlosses ist der Gardesaal in der ersten Etage mit einer in Frankreich einzigartigen bemalten Holzdecke. Beiderseits eines Mittelbalkens sind insgesamt vierundzwanzig emblematische Darstellungen angeordnet, deren Sinn zu entschlüsseln für die Gäste des Bauherrn ein Zeitvertreib war. Acht der Bildfelder zeigen Figuren in Verbindung mit moralisierenden Versen, die übrigen sechzehn hauptsächlich Tiere mit einem bestimmten symbolischen Sinn. Man hat die Decke als Beweis für die Neigung Bourrés zur Alchemie interpretiert.

Bibliothek

Gardesaal mit bemalter Kassettendecke

Montgeoffroy

Nur selten findet man an der Loire ein Schloß, in dem der Besucher nicht das Unbehagen verspürt, hier seien die Tische, die Sitzmöbel und andere Gegenstände willkürlich zusammengetragen worden, um ihm ursprüngliche Lebensatmosphäre vorzuspiegeln. In Schloß Montgeoffroy ist nahezu alles Mobiliar, so wie es der Bauherr beschaffte, an seinem Platz geblieben. Hier gewinnt man ein authentisches Bild davon, wie ein Adeliger von Kunstgeschmack am Vorabend der Französischen Revolution auf seinem Landschloß lebte.

Bauherr war der Feldmarschall und Statthalter des Elsaß in Straßburg, Louis-Georges-Erasme de Contades, dessen Vorfahren den ursprünglich mittelalterlichen Landsitz im 17. Jahrhundert erworben hatten. Contades begann 1773 das Schloß nach den Plänen des Pariser Architekten Nicolas Barré neuzuerrichten, wobei einige alte Gebäudeteile einbezogen wurden.

Das Schloß öffnet sich auf sanft ansteigendem Gelände seinen Ländereien zu, die ihm durch strahlenförmig angeordnete Alleen zugeordnet sind. Zwei flachgedeckte Pavillons und ein prächtiges Gittertor, durch Mauern miteinander verbunden, grenzen die Felder vom Bezirk um den Landsitz ab.

Das zweigeschossige Hauptgebäude, majestätisch schlicht in der Ausgewogenheit seiner Proportionen, hat einen Mittelrisalit, dessen Dreiecksgiebel den einzigen plastischen Schmuck am ganzen Schloß zeigt: das Wappen der Contades, umgeben von Trophäen. Zwei kurze Seitenflügel springen vor, niedrige Pavillons schließen sich zurückversetzt an und binden das Hauptgebäude mit den Ställen, Remisen und der Kapelle seitlich des Hofes zusammen. Point de vue in der Achse der rückwärtigen Parkfront ist ein kleiner Pavillon.

Das Schloß wurde erstaunlich rasch vollendet. Schon 1775 muß es vollständig eingerichtet gewesen sein, denn in diesem Jahr wurde ein Inventar der gesamten Ausstattung bis hin zur Einrichtung der Küche aufgestellt. Man kann es zur Hand nehmen und als Führer durch das Schloß benutzen. Die meisten der verzeichneten Ausstattungsstücke wird man an ihrem Platz noch vorfinden.[13]

Der Marschall scheint die bewegliche Einrichtung geschlossen in Paris gekauft zu haben. Sie fügt sich mit den Wandvertäfelungen und der Architektur zu einem außergewöhnlichen Einklang zusammen. Dank seiner militärischen Vergangenheit und günstigen Beziehungen überlebte der hochbetagte Hausherr die Schreckensherrschaft während der ersten Revolutionsjahre ohne Schaden. Nach seinem Tode

13
Das Inventar von Montgeoffroy ist veröffentlicht in: Pierre Verlet, La maison du XVIIIe siècle en France, Paris 1966, S. 260 ff.

Zufahrtstor zur Hauptfront des Schlosses

1793 wachten die Bewohner des Nachbarortes Mazé darüber, daß nichts aus dem Schloß gestohlen wurde.

Noch immer ist der Adelssitz von der Familie de Contades bewohnt. Für die Besucher sind einige der Erdgeschoßräume zugänglich. Der Große Salon hat eine vornehm zurückhaltende Wandvertäfelung aus Holz, die hauptsächlich durch streng geometrische Felderteilung wirkt. Kamin, Kaminböcke, Wandleuchter, die verschiedenen Arten von Sitzmöbeln, die Konsoltische, Pendule und Barometer an der Wand – alles ist bereits im Inventar von 1775 verzeichnet.

In der zum Park gelegenen Raumflucht des Erdgeschosses befindet sich das Appartement der Madame Hérault. Für die textile Gestaltung der Wandfüllungen, der Bettnische, der Bettvorhänge, des Bettes und der Sitzmöbel wählte der Marschall karmesinrot gemusterten venezianischen Brokatell; mit den abgestuften Grautönen der Boiserien ergibt der original erhaltene Stoff einen erlesenen Farbklang. Das Inventar verrät, wie komfortabel Madame in ihrer Bettnische ruhte: »Das Bett mit einer Roßhaarmatratze, zwei Polstern aus Barchent, einem Federbett, zwei Kopfkissen, davon eins aus Roßhaar, zwei Decken aus Baumwolle.« Das benachbarte Kabinett der Madame Hérault hat seine bemalte Bespannung aus gewachstem Tuch bewahrt.

Auch der Speisesaal, der wie alle Räume eigentlich nichts Prunkendes hat, verrät den Sinn des Marschalls für schöne, klare Formen. Prächtig nimmt sich in der strengen Wandfeldergliederung der in eine Nische gestellte Fayenceofen mit Aufsatz in der Form eines Palmenstammes aus, ein Geschenk der Stadt Straßburg. Ein schwungvolles Gitter aus Schmiedeeisen umschließt den Ofenkörper und steigert dessen Schmuckwirkung. Stühle und Laterne gehören auch hier zum ursprünglichen Bestand.

Der Große Salon mit originaler Ausstattung

Hauptfront des Schlosses
mit Kapelle und Remise

Angers

Angers, die Metropole des Anjou, bietet sich als eine schöne, ringsum von Parks und Boulevards umgebene Mittelstadt dar. Sie ist eine der kunstreichsten Frankreichs. Die Geschichte von Angers ist die seines Schlosses, das man mit einer Kreuzfahrerburg verglichen hat. Auf dem schroffen Felsen über dem Maine-Tal bestand schon in römischer Zeit eine Festung. Auch die Grafen von Anjou setzten auf die strategische Gunst dieses Platzes und errichteten hier ihre Residenz. Den Bau der bestehenden Anlage befahl Ludwig der Heilige 1230, nachdem das Anjou der französischen Krone einverleibt worden war. Zehn Jahre dauerten die Arbeiten an diesem gewaltigen fünfeckigen Festungswerk, das Ludwig seinem Bruder Karl 1246 samt der Grafschaft übertrug.

An vier Seiten besteht diese Anlage aus Rundtürmen und Zwischenmauern von gewaltigen Dimensionen, während die fünfte Seite, zum Fluß hin, durch den Steilabfall des Geländes gesichert ist. Tiefe Trockengräben umziehen den Mauermantel, heute gärtnerisch gestaltet oder als Wildgehege hergerichtet. Zwei Eingänge führten auf das Schloßplateau, von denen heute nur noch die Porte de Ville besteht. Ursprünglich überragten die Türme den Wehrgang der Mauer und waren mit kegelförmigen Dächern ausgestattet. Heinrich III. gab 1585 in den Religionskriegen die Order, die Festung abzutragen, weil er fürchtete, die Protestanten könnten sich ihrer bemächtigen und sich in ihr festsetzen. Doch nur die Türme wurden bis auf eine Ausnahme geköpft. Ihre Plattformen bewährten sich als Standplätze für Kanonen. Seit dem 17. Jahrhundert diente das Schloß hauptsächlich als Gefängnis. Die Deutschen benutzten es im Zweiten Weltkrieg als Munitionslager, das von den Mauern aus leicht zu bewachen war. Noch rechtzeitig konnten die Sprengkörper beiseite geschafft werden, bevor Bomben auf das Schloß fielen.

An Baulichkeiten innerhalb der Befestigung ist die Kapelle Sainte-Geneviève, verbunden mit dem königlichen Logis, erhalten. Herzog Ludwig II. von Anjou errichtete beide Anfang des 15. Jahrhunderts. Sein Sohn, der auch heute noch im Anjou populäre König René, baute neben der Kapelle das kleine Schloß mit runden Ecktürmen und gestaltete den Platz um die Gebäude prächtig mit Gärten und Tiergehegen. Aus dem 18. Jahrhundert stammt das im Kern ältere Gouverneursgebäude an der Südostecke der Ummauerung. Die heutigen Gartenanlagen entwarf nach dem Zweiten Weltkrieg Bernard Vitry in Anlehnung an Formen des 16. Jahrhunderts. Der Rundgang über die Mauer führt zu einem köstlichen Gärtchen mit seltenen Pflanzen, wie sie schon die Herzöge von Anjou kannten und wie sie auf

Porte des Champs, ehemaliger Zugang auf das Schloßplateau

Das Aufbauprinzip für die verschiedenen Tapisserien der ›Apokalypse von Angers‹ nach Louis de Farcy

Wandteppichen des 15. Jahrhunderts identifiziert werden konnten. Neben dem Gärtchen ist ein in alter Form bepflanzter Weingarten angelegt. Die Rebstöcke wachsen wie in alter Zeit statt an Holzpflöcken an wärmespendenden Schieferpfählen.

Mehr als die Gebäude des Schloßplateaus zieht der einzigartige Teppichzyklus der ›Apokalypse von Angers‹ die Besucher in seinen Bann. Für diese Tapisserien des 14. Jahrhunderts, die für die Geschichte der mittelalterlichen Teppichkunst die gleiche Bedeutung haben wie die Fenster der Kathedrale von Chartres für die Geschichte der mittelalterlichen Glasmalerei, errichtete Bernard Vitry 1952–1954 ein zweckmäßiges, so zurückhaltend wie möglich in das Bauensemble des Schlosses eingefügtes Ausstellungsgebäude, das erstmals eine vollständige Präsentation der erhaltenen Bildteppiche erlaubte.

Von allen Bildteppichen, die in Frankreich gewebt wurden, ist die ›Apokalypse von Angers‹ der älteste erhaltene Zyklus seiner Art. Möglicherweise ist er der größte, der überhaupt jemals auf einem Webstuhl entstand. Auftraggeber war der kunstliebende Herzog Ludwig I. von Angers, der uns schon als Bauherr des Schlosses von Saumur begegnete. Beim Hofmaler seines Bruders Karls V., Jean de Bondol, genannt Hennequin de Bruges, ließ er Entwürfe anfertigen, wobei der Künstler als Vorbilder illuminierte Handschriften der Apokalypse zu Rate zog; mindestens eine stammte aus dem Besitz Karls V., und sie wurde nach dessen Tode 1380 vermißt: »Der König hat sie ausgeliehen an den Herzog von Anjou, damit dieser seinen schönen Teppich anfertigen lassen kann«, lautet eine nachträgliche Randbemerkung im Inventar von 1373 der königlichen Bibliothek im Louvre. Die Ausführung der Teppiche wurde Nicolas Bataille, dem berühmten Weber in Paris, übertragen. Nach einer Herstellungszeit von weniger als sieben Jahren dürfte er 1380 das gewaltige Werk vollendet haben. Je länger sich die Arbeiten hinzogen, desto mehr war Bataille darauf bedacht, die künstlerische Qualität der Szenen[14] zu steigern.

Rechte Seite: ›Die zweite Posaune‹, Szene 21, vermutlich aus dem dritten Teppich der ›Apokalypse von Angers‹ (Ausschnitt)

Die ›Apokalypse‹ (Offenbarung) des Johannes gehört zu den gewaltigsten, bilderreichsten Texten des Neuen Testaments; sie ist zugleich aber auch ihr dunkelster und geheimnisvollster Text. Johannes schildert die Visionen, die er als Verbannter auf der Insel Patmos schauen durfte. Es sind Bilder der kommenden Schreckenszeit, der Herrschaft des Antichristen und seiner Helfershelfer. Am Ende aller Leiden, Peinigungen und Schrecknisse aber steht die Herrlichkeit der Herrschaft Gottes. Kein Buch hat die Menschen des Mittelalters so erschüttert, so in Ängste versetzt, zugleich aber auch so mit Hoffnung erfüllt wie die ›Apokalypse‹. Es gibt viele Versuche, das Absonderliche und Vernunftwidrige dieses Stoffes in Bildern zu

14 Numerierung der hier abgebildeten Szenen nach Wilfried Hansmann, Die Apokalypse von Angers, Köln 1981, S. 81 ff.

Dann kam einer der sieben Engel, welche die sieben Schalen trugen, und sagte zu mir: Komm, ich zeige dir das Strafgericht über die große Hure, die an den vielen Gewässern sitzt. Denn mit ihr haben die Könige der Erde Unzucht getrieben, und vom Wein ihrer Hurerei wurden die Bewohner der Erde betrunken.

(Apokalypse, Kap. 17, Vers 1-2)

›Die Hure Babylon‹, Szene 64 aus dem sechsten Teppich der ›Apokalypse von Angers‹

›Die Vermessung des Tempels‹, Szene 29 aus dem vierten Teppich der ›Apokalypse von Angers‹ (Ausschnitt)

veranschaulichen. Zwei Versuche ragen heraus: Albrecht Dürers ›Holzschnitt-Apokalypse‹ und die ›Apokalypse von Angers‹.

Sie setzte sich ursprünglich aus mindestens 84 Szenen zusammen, verteilt auf sieben einzelne Teppiche: Die Zahl Sieben bedeutet Vollkommenheit. Jeder Teppich war ca. sechs Meter hoch, fünf dieser Stücke hatten nach heutigem Erkenntnisstand eine Länge von ca. 24 Metern mit jeweils vierzehn Szenen in Zweierreihen zu je sieben Szenen. Die restlichen Teppiche müssen eine geringere Anzahl von Einzelszenen gezeigt haben. Das Aufbauschema war wohl für alle Teppiche gleich. Zuunterst zog sich ein schmaler Erdstreifen mit teils naturalistischen, teils stilisierten Blumen und kleinen Tieren hin. Darauf stand ein doppelgeschossiges, aus hellem Stein gefertigtes Rahmenwerk, in das die einzelnen Szenen der Visionen mit dem sie schauenden Johannes eingefügt waren – gleichsam in die Sphäre des Bildes erhoben. Unter jeder Szene befand sich ein braunes Schriftband mit erklärender Inschrift in weißen und roten Buchstaben.

Wesentlich für die Erscheinungsform aller Teppiche war, daß die Szenen mit rotem und blauem Hintergrund über- und nebeneinander abwechselten. So kam zur strengen Ordnung durch das Rahmenwerk ein gleichförmiger Rhythmus hinzu. Auf höchstens sechs der Einzelteppiche war der Bildfolge an der linken Seite eine vor dunklem Hintergrund perspektivisch angeordnete Baldachinarchitektur aus hellem Stein für eine nach links gewandte Sitzfigur eines Lesenden vorangestellt; wenigstens auf einem Teppich war der Baldachin an der rechten Seite angebracht. Auf den Baldachinen hielten Engel Standarten mit den goldenen Lilien von Anjou und einem braunen Doppelkreuz, dem Zeichen des von Ludwig I. gegründeten Ordens vom Wahren Kreuz und zugleich das persönliche Symbol des Herzogs. Die Engel befanden sich in der durch Wolken angedeuteten Himmelszone, die sich über dem Rahmenwerk in einem schmalen Streifen – der Erdzone entsprechend – fortsetzte und mit musizierenden Engeln bevölkert war. Die Anordnung der Bilder zwischen den schmalen Streifen unten und oben stellten dem

›Das neue Jerusalem‹, Szene 81 aus dem siebten Teppich der ›Apokalypse von Angers‹ (Ausschnitt)

Betrachter vor Augen, daß sich die Visionen des Johannes zwischen Himmel und Erde abspielten.

Unbekannt ist, in welchen Räumlichkeiten des Schlosses der Herzog die Teppiche anbringen ließ. Vielleicht wurden sie auch nur bei großen Gelegenheiten draußen innerhalb des Schloßbezirks unter freiem Himmel aufgehängt. Jedenfalls schmückte der Sohn des Herzogs, Ludwig II., 1400 aus Anlaß seiner Hochzeit den erzbischöflichen Palast von Arles mit ihnen. Ein Bürger dieser Stadt, Bertrand Boysset, der sie bei dieser Festlichkeit sah, schrieb voller Bewunderung: »Kein Mensch kann weder schriftlich noch mündlich den Wert, die Schönheit und die Vornehmheit dieser Tapisserien zum Ausdruck bringen.« König René schenkte die von seinem Vater ererbte ›Apokalypse‹ der Kathedrale von Angers, wo sie an höchsten Feiertagen im Langhaus und Querschiff aufgehängt wurde. Erst in der Barockzeit ging der Sinn für ihre Kostbarkeit verloren. Vergeblich wurde sie 1782 zum Verkauf angeboten. Während der Französischen Revolution zerschnitt man sie und benutzte sie als Decken, Bettvorleger oder Abdeckplanen, um Orangenbäume im Winter vor der Kälte zu schützen. 1843 erwarb der Bischof von Angers einen großen Teil der Teppichfragmente von der Domänenverwaltung zurück. Andere fanden sich nach hartnäckigem Suchen. Trotzdem blieb etwa ein Drittel der Szenen für immer verloren.

Fast vollständig erhalten ist der erste Teppich, ebenso sind der vierte und fünfte in alter Größe vorhanden. Von den anderen blieben Einzelszenen und Fragmente übrig, die sich nicht in allen Fällen einem bestimmten Teppich zuordnen lassen.

Auch wenn es unmöglich ist, die einzelnen Szenen ohne Kenntnis ihrer Textvorlage zu verstehen, so mindert dies nicht den Genuß einer vertieften Betrachtung: Genuß am Reichtum der künstlerischen Ausdrucksformen, am Prunk der Gewänder und der Hintergründe, Genuß am beredten Ausdruck der Figuren und ihrer Gebärden, vor allem aber an der unerschöpflichen Phantasie, mit der die Tapisserien die Geschehnisse am Ende der Zeit vor Augen stellen.

Glossar

Arkade (von lat. *arcus* = Bogen). Bogenstellung, d.h. ein Bogen über Säulen oder Pfeilern. Das Wort kann auch die fortlaufende Reihe von Bögen bezeichnen.

Boiserie Wandverkleidung aus Holz (= franz. *bois*), oft reich dekoriert (Relief, Bemalung).

Donjon Hauptturm der mittlelalterlichen Burgen Frankreichs, zum dauernden Wohnen eingerichtet. Im 9. Jahrhundert aufkommend, begann mit ihm die reiche Entfaltung der vielgestaltigen Schloßarchitektur in den folgenden Jahrhunderten.

Fiale Architektonische Zierform der Gotik, eine schlanke, spitze Pyramide, die besonders häufig als Bekrönung auftritt.

Flamboyant Stilbegriff für die französische Spätgotik mit ihrem züngelnden Maßwerkornament (franz. *flamboyant* = flammend).

Kapitell Oberer Säulen- oder Pfeilerabschluß unterhalb der Kämpferplatte. Die wichtigsten antiken Grundformen sind das dorische, ionische und korinthische Kapitell.

Kielbogen Auch Sattelbogen oder Eselsrücken. Der unten konkave Teil des Bogens wird oben konvex fortgeführt, so daß der Scheitel in einer Spitze ausläuft.

Lisene Senkrechter, flacher Mauerstreifen ohne Basis und Kapitell.

Lukarne Giebelfenster, Dachfenster, meist mit reicher Fensterrahmung und Giebelkontur.

Pilaster Flacher Wandpfeiler mit Basis und Kapitell (im Unterschied zur Lisene) antiker Herkunft.

Polygon Vieleck.

Zwerchgiebel An der Längsfront eines Gebäudes quer (=zwerch) zur Dachfläche stehender Giebel.

Literatur

Pierre-Marie Auzas u. a., *Die Apokalypse von Angers. Ein Meisterwerk mittelalterlicher Teppichwirkerei*, München 1985

Bernard Champigneulle, *Loire-Schlösser*, 3. Aufl. München 1971, Neuauflage München 1994

Lucien Febvre, *Der neugierige Blick. Leben in der französischen Renaissance*, Berlin 1989

Wilfried Hansmann, *Die Apokalypse von Angers*, Köln 1981

Ders., *Das Tal der Loire. Schlösser, Kirchen und Städte im ›Garten Frankreichs‹*, 14. Aufl. Köln 1992 (mit ausführlichen Literaturhinweisen), völlig neu bearbeitete Auflage Köln 1996

Jacques Levron, *Schlösser an der Loire*, Würzburg/Wien 1963

Irene Martschukat, *Tal der Loire*, Köln 1995

Wolfram Prinz/Ronald G. Kecks, *Das französische Schloß der Renaissance*, Berlin 1985

Pierre Verlet, *La maison du XVIIIe siècle en France*, Paris 1966

Marguerite Yourcenar, *Chenonceaux. Schloß der Frauen*, München/Wien 1993

Fotonachweis

S. 13, 20 li. (Hervé Lewandowski), S. 21, 83 (Jean/J. Schormans), S. 85 (R. G. Ojeda) © RMN, Paris;
S. 20 re. © Scala, Antella (Firenze);
S. 40, 133 © Photographie Giraudon,Vanves;
S. 94 Koninklijk Museum voor Schone Kunsten, Antwerpen (Foto: Hugo Maertens, Brügge);
S. 149 Manfred Linke/laif, Köln;
S. 153, 154/155, 156, 157 © CNMHS / Caroline Rose, Paris;
Stichvorlagen: Archiv des Verfassers bzw. Autors; alle übrigen Aufnahmen: F. Monheim

Umschlagabbildung vorn: Schloß Chambord;
Umschlagabbildungen hinten: Schloß Saumur mit Blick auf die Loire (oben), Schloß Azay-Le-Rideau (Mitte), Schloß Villandry (unten);
Frontispiz: Gemüsegarten von Schloß; Villandry mit angrenzendem Ziergarten;
S. 2/3: Hochwasser bei Chaumont;
S. 159: Hochwasser zwischen Angers und Saumur;
Vorsatzpapier vorn und hinten: Bemalte Leinentapete im Speisesaal von Schloß Talcy

Die Deutsche Bibliothek - CIP-Einheitsaufnahme

Schlösser der Loire : im Zauber des Lichts / Text von Wilfried Hansmann.
Fotogr. von Florian Monheim. - Köln : DuMont, 1997

ISBN 3-7701-3756-6

NE: Hansmann, Wilfried; Monheim, Florian

Reproduktionen: Proof + Film GmbH, Düsseldorf
Satz und Druck: Rasch, Bramsche
Buchbinderische Verarbeitung: Bramscher Buchbinder Betriebe

Printed in Germany 3-7701-3756-6